피타고라스,
돌팔매를 맞다

탐 철학 소설 09

피타고라스, 돌팔매를 맞다

초판 1쇄　2013년　12월 24일
초판 4쇄　2022년　 1월 28일

지은이　김용관

책임편집　윤정현
마케팅　강백산, 강지연
디자인　땡스북스 스튜디오, 유민경
표지 일러스트　박근용

펴낸이　이재일
펴낸곳　토토북

주소 04034 서울시 마포구 양화로11길 18 3층 (서교동, 원오빌딩)
전화 02-332-6255 ｜ 팩스 02-332-6286
홈페이지 www.totobook.com ｜ 전자우편 totobooks@hanmail.net
출판등록 2002년 5월 30일 제10-2394호
ISBN 978-89-6496-175-9　44100
ISBN 978-89-6496-136-0　44100 (세트)

● 이 책의 사용 연령은 14세 이상입니다.
● 탐은 토토북의 청소년 출판 전문 브랜드입니다.

피타고라스
돌팔매를 맞다

김용관
지음

9

탐
철학
소설

탐

차례

한계를 뛰어넘으려 노력한 사람들

피타고라스! 수학자 중에 가장 많이 알려진 인물입니다. 영광만큼이나 욕도 많이 먹죠. 많은 청소년이 그 때문에 수학 공부가 힘들어진 거라고 원망합니다. 하지만 그는 우리와 가까운 시대가 아닌 2500여 년 전에 살았습니다. 우리와는 지역적인 거리도 상당히 떨어진 지중해 연안의 그리스에서 살았죠. 그런 그가 이다지도 유명한 이유는 뭘까요? 아마 중학교 수학에서 배워야만 하는 '피타고라스의 정리' 때문일 겁니다. 학교를 다니는 이상 우리는 그를 피해갈 수 없지요.

그러나 '피타고라스의 정리'라고 이름 붙여진 정리는 피타고라스 본인의 증명이 아니었습니다. 피타고라스의 구체적인 증명은 남아 있지 않지만 그가 최초로 증명했다는 사실 때문에 그렇게 불린 겁니다. 바꾸어 생각하면 당시에 그의 영향력이 그만큼 대단했다는 뜻이겠죠. 그러지 않았다면 피타고라스가 아닌 다른 누군가의 이름을 붙였겠지요.

피타고라스는 왜 서양 역사에서 영향력이 있었을까요? 여러 가지 이유를 들 수 있습니다. 수학을 포함한 지식이 아주 뛰어나서, 철학적 입장이 훌륭해서, 남녀평등의 기치를 일찌감치 내세워서, 종교적 감수성마저 포용해서 등 여러 가지 이유가 있겠지만 저는 다른 이유를 강조해 보려 합니다.

피타고라스가 유명해진 데에는 그의 제자들 역할이 결정적이었습니다. 제자들은 피타고라스의 철학을 받아들여 피타고라스가 활동할 수 있는 토내를 만들어 줬습니다. 이후 공동 작업을 통해 학파를 유지했는데, 연구에도 참여했을 겁니다. 제자들은 크로톤에서 학파가 붕괴된 후, 그냥 사라져 버린 게 아니라 각지로 퍼져 학파의 메시지를 전했습니다. 그로 인해 그들의 수학과 철학은 그리스 전역으로 확산되었지요. 그 과정에서 플라톤이 제자를 만났고, 플라톤은 피타고라스학파의 철학을 이어받아 서양 철학의 토대를 마련했습니다. 그리하여 피타고라스의 이름은 후대에 영원히 남았지요.

알려진 몇몇의 제자가 없었더라면, 이름 없이 살다간 수많은 제자가 없었더라면, 플라톤 같은 계승자가 없었더라면 지금의 피타고라스도 없었을 겁니다. 따라서 우리는 피타고라스만큼이나 그의 제자들에게 주목해야 합니다. 그들의 노고를 기리며, 피타고라스라는 개인의 이름보다는 '피타고라스학파'로 불러 줘야 합니다. 피타고라스학파의 역사를 제자들의 눈으로도 바라봐 줘야 합니다.

제자들의 시선으로 다시 볼 때 유달리 의문스러운 지점이 있습니다. 시민의 공격으로 크로톤의 학파가 붕괴되고 난 이후입니다. 스승은 없고, 시민은 공격해 오는 와중에, 몇몇 제자는 보통의 자연인으로 돌아가지 않았습니다. 그들은 여전히 제자였고, 제자로서의 도리를 다하며 학파의 지혜를 전했습니다. 그들 덕택에 피타고라스의 이름은 사라지지 않고 역사에 남은 것입니다.

그들은 어떻게 제자의 길을 계속 갈 수 있었을까요? 무엇 때문에 그들은 여전히 제자로 남았을까요? 저는 그게 궁금했고, 그 지점을 조금 더 촘촘히 살펴보고 싶었습니다. 제 생각으로 제자들은 학파에 대해 반성하고 성찰하는 과정을 거쳤을 겁니다. 달라진 상황을 재해석하면서 재확신에 이르는 시간을 가진 거죠. 학파의 운명이 달린 고독한 시간을 가진 겁니다. 저는 그들의 고독과 고민을 소설로 엮어 봤습니다.

피타고라스학파! 우스갯소리로 사이비 집단이었다고도 합니다. 하지만 저는 그들이 부럽습니다. 왜냐고요? 그들은 그들의 입장에 맞게 세상을 해석했고, 그 해석에 따라 한 세상을 살아 봤으니까요. 멋진 꿈도 꾸고, 그 꿈을 현실에서 직접 이룬 거죠. 생각할수록 대단한 선배들입니다. 꿈마저도 꾸지 못하는, 꿈만 꾸면서 현실에 휘둘리며 살아가는 저 같은 사람은 넘볼 수 없는 족적을 남겼다고 생각합니다.

소설을 쓰면서 피타고라스학파에 대해 많은 걸 생각해 보는 즐거움을 누렸습니다. 그 즐거움을 독자 여러분이 조금이라도 맛보신다면 지은이로서 큰 보람이 될 것입니다.

경쟁적 입시에 내몰려 웃음과 즐거움으로 수학을 접하지 못하는 청소년에게 참으로 미안합니다. 그 미안한 마음을 이 글에 담아 보려 했습니다. 피타고라스 다시 보기가, 지루한 수학 새롭게 보기가 되고, 팍팍한 일상을 다시 보는 시간이 되길 소원합니다. 수학에 대한 새로운 가능성을 발견하길 기원하며 행운을 빕니다.

이 소설을 쓸 수 있도록 지원해 주신, 윤정현 편집자를 비롯한 '탐' 가족에게 감사의 말씀을 드립니다.

2013년 12월
김용관

아르키포스

수제자. 폭동에서 살아남은 사람 중 최고 연장자. 아테네 귀족 출신. 후배 제자들을 인솔해 피신하는 역할을 하며, 학파의 지나 온 역사를 이야기해 준다.

가르니논

시민 출신으로 학파를 출입하며 강의를 듣는 외부 청강생. 폭동 후 제자들을 따라 여행하며 제자들이 외부 세계에 적응하도록 돕는다. 외부의 시선으로 학파를 바라보며 이야기한다.

멜리사

귀족 출신 제자. 가문의 성화에 못 이겨 피타고라스학파에 입문한 참한 여제자. 폭동 때 부상을 당해 제자들이 크로톤을 떠나 피신하는 계기를 제공한다.

히테아노

귀족 출신으로 똑똑하고 학파를 사랑하는 여제자. 공부하기 좋아한다. 남녀 평등의 학파 분위기를 특히 좋아한다. 학파를 긍정적으로 재해석하는데 중심 역할을 한다.

리시스

침묵 수행에 막 돌입한 젊은 제자. 시민의 습격을 받고 도망치던 길에 실수로 침묵 수행을 깨 버리고 만다. 자신의 실수에 절망하지만 동료들이 용기를 줘 끝까지 동행한다.

카리프톤

사랑과 자유에 대한 욕구를 억눌러 온 제자. 스승과 학파를 곧이곧대로 따르며 아무런 의심이나 비판을 하지 않았다. 그러나 다른 종파, 다른 세상을 경험하며 학파에 대해 심각한 회의를 느낀다.

티미카

피난길에 오른 여섯 명의 피타고라스학파 사람이 머물도록 배려해 준 여관 주인. 학파의 우정과 공동체 의식을 신뢰하고 호감을 갖고 있다. 나중에 학파 소식을 전해 주며 격려한다.

● 호칭의 구분

외부 청강생 공동생활하지 않고 자기 집에서 오가며 강의 듣는 수강생.

청강생 공동생활의 첫 단계인 학파 문하생. 커튼 너머로 스승과 제자들의 강의를 청강한다. 3년.

침묵 수행 제자 청강생 시절을 마친 문하생의 다음 단계. 말을 안 하는 수행. 5년.

제자 침묵 수행을 마치고 난 정식 제자.

피타고라스학파를 몰아내라!

"학파놈들을 모조리 없애 버려야 합니다. 안 그러면 결국 저들이 우리를 없애 버릴 것이오."

"맞소! 우리 후손을 위해서라도 미룰 수 없소."

"개구리 올챙이 적 생각 못 한다더니. 저놈들이 딱 그 꼴이라니까. 불쌍해서 이 도시에 살게 해 줬더니 이 도시를 통째로 넘본다는 게 말이나 되냐고. 이번에 점령한 시바리스 땅도 모두 그놈들 차지가 돼 버렸다던데."

"학파면 조용히 공부나 할 것이지, 왜 이래라 저래라 참견이냔 말이야. 출세하려면 수학을 공부하라니 말이나 되냐고!"

"참견만 하면 다행이지. 조금만 더 있어 봐. 왕 노릇할 게 뻔해. 수학에 약한 우리 같은 사람은 그놈들 수발이나 들어야 할 걸. 그놈들 편안히 공부하라고 뼈 빠지게 일해야 할 판국이라니까!"

"뭐 학파? 말이 좋아 학파지. 그놈들은 한량이야. 한량! 집안 좋고, 배경 좋은 자끼리 모여서 노닥거리다가 선배 끄나풀을 이용해 한 자리씩 차지하잖아. 우린 그런 놈들의 지배를 받아야 하고."

"한량도 과분하지. 그놈들은 광신도 사이비 집단이야. 스승이란 작자가 아폴론의 아들이라 믿으며 지네끼리 똘똘 뭉쳐 다니잖아. 다른 사람 말은 통 듣지를 않아. 뭔 일이 날지 누가 알아?"

"진짜 큰일은 따로 있어. 거기에는 결혼하지 않은 청춘 남녀가 가득해. 외부인 출입을 철저히 금한 채 지네끼리만 다닥다닥 붙어살지. 젊은 것들이 뭔 짓을 할지는 빤하잖아. 두고 보라고."

"거기 여자들은 다 남자들 노리갯감이래. 피타고라스, 그 영감탱이는 가장 예쁘고 나이 어린 여자를 골라 결혼했잖아. 도둑놈이야. 문제가 더 커지기 전에 뿌리를 뽑아 버려야 해!"

"미룰 게 뭐 있소. 지금 당장 해치워 버립시다."

피타고라스학파를 없애 버려야 한다고 누군가가 조심스럽게 말을 꺼냈다. 시민도 처음에는 조심스럽게 그 말을 받았지만, 끊이지 않고 들불처럼 입에서 입으로 번져나갔다. 말은 보태지고, 거침없어지고, 거세어지며 들끓었다. 나중에는 무슨 말인지 알아들을 수 없었으나 분노의 기세는 이미 훨훨 타오르고 있었다. 모든 것을 다 태우기 전에는 멈출 기미가 보이지 않는 불길이었다.

"학파놈들이 밀론의 집에 은밀하게 모였다!"

"비밀회의를 소집했다!"

누군가가 외쳤다. 시민은 어떤 말보다 빠르게 그 말을 옮겼다. 말은 삽시간에 시민을 하나로 묶었다. 학파가 무슨 꿍꿍이를 꾸미고 있으니, 당하기 전에 자기네가 먼저 움직여야 한다고 했다.

시민은 밀론의 집으로 향했다. 그 집은 가깝지 않았지만, 그들의 분노가 미치지 못할 만큼 멀지도 않았다. 시민의 발걸음은 빨랐고 민첩했다. 난잡하지만 한 몸처럼 움직이는 벌 떼마냥 무리는 한 곳을 향하여 움직였다. 무리는 갈수록 불어났다. 창피할 것도, 주저할 것도 없었다. 이 소요는 불의를 불사르고 정의를 다시 세우는 정정당당한 법 집행이었다. 놓치면 후회할 이벤트였기에 무리는 점점 늘었다.

무리는 무기가 될 만한 것을 챙기기 시작했다. 길가의 돌멩이를 주워 들었다. 한 손 가득히 잡히는 돌, 각지고 모가 나 잡기 좋고 던지기 쉬운 돌을 골라잡았다. 대리석상을 일부러 부수어 날카로운 것을 골라잡은 이도 있었다. 돌멩이로 성이 차지 않는 자는 몽둥이, 심지어는 칼을 잡은 자도 있었다. 무기를 들자 무리는 더욱 거세졌다. 이젠 무기가 사람을 주물렀다. 막대기와 칼이 앞섰고, 돌멩이는 그 뒤를 따랐다. 무기를 들지 않은 사람이 맨 나중이었다.

멀리 밀론의 집이 눈에 들어왔다. 무리는 집을 공격당한 벌 떼마냥 매섭고 무서웠다. 학파를 공격할 때를 기다리고 있던 것 같았다. 누군가의 선동에 의해 우연히 일어난 일로 보기는 어려웠다. 아무도 무리를 진정시킬 수 없었다. 물을 붓는다고 꺼질 불길이 아니었다. 그건 불길을 사방으로 튀게 할 뿐이었다. 다 태우고 스스로 꺼지기만을 기다려야 했다.

무리는 밀론의 집 앞에서 멈칫했다. 밀론은 그리스 올림픽의 스타였다. 4대 경기에서 가장 많이 우승한 선수로 그리스 전역에 이름을 떨쳤다. 그는 크로톤의 선수였지만 그리스 전역의 선수이기도 했다. 함부로 했다가는 그리스 온 도시의 비난과 질책을 받게 될 것이 뻔했다. 무리는 집 안의 동태를 파악했다.

밀론과 안면이 있는 몇 사람이 문 앞으로 다가갔다. 문은 닫혀 있었다. 살며시 밀어 보았다. 잠겨 있지는 않았다. 그들은 문을 열고 쑥 들어갔다. 헤르메스 조각상의 굳은 표정이 밀론을 대신하듯 그들을 맞았다. 물을 긷고, 음식을 준비하던 여자 하인 서너 명과 눈길이 마주쳤다. 방망이를 손에 쥔 무리의 갑작스런 방문에 하인들은 꿈쩍하지 못했다. 그러다 밀려드는 무리를 보고 비명을 질렀다. 그 비명은 머뭇거리던 무리의 발걸음을 멈추지 못했다. 오히려 무리에게 공격하라는 신호탄 역할을 했다.

"학파놈들을 찾아라!"

"이 쥐새끼 같은 놈들, 나와라!"

무리는 고함을 지르며 집 안 곳곳으로 밀고 들어갔다. 몽둥이가 앞장섰다. 밀치는 무리 중 하나가 헤르메스상과 부딪쳤다. 악귀를 쫓아 주며 집을 보호해 준다던 헤르메스의 조각상이 땅에 떨어지며 박살났다. 그 조각상은 신이 아니라 돌덩이에 불과했다. 신은 지금 조각상이 아닌 몽둥이와 함께했다. 조각상을 박살낸 무리는 의기양양해졌다. 몽둥이가 요동쳤다. 무리는 몇 갈래로 갈라져 그들의 먹잇감을 찾아 나섰다.

"저 방이다!"

"학파놈들이 저기 있다!"

1층 모퉁이에 있던 방문 앞에서 무리가 외쳤다. 소리를 듣자마자 사람이 속속 모여들었다. 먼저 도착한 무리는 가차 없이 방문을 부수었다. 숨 가쁜 방망이질 소리가 모아졌다 흩어지며 온 집 안을 흔들었다. 무리가 합세해 몸으로 부딪치자 결국 문이 열렸다.

얼굴과 얼굴이 정면으로 마주쳤다. 다소 겁먹기는 했지만 학파 사람들은 큰 동요 없이 무리를 맞이했다. 소란을 피우는 자들이 누구냐며 황당해했다. 그들을 한심하다는 듯 쳐다보는 이도 있었다. 고양이 앞에 몰린 생쥐 꼴을 기대했던 무리는 강한 분노를 느꼈다. 학파 제자 하나가 옆으로 팔을 뻗어 무리를 가로 막았다. 제법 위엄 있는 목소리로 꾸짖는 것 같았다. 평소 같았으면 그 기세에 눌릴 법했지만 아무도 신경 쓰지 않았다.

무리는 길을 가로막은 학파 사람의 입을 몽둥이로 쳤다. 말이 채 끝나기도 전이었다. 말은 끊겼고, 그 사람은 둔탁한 소리와 함께 쿵하며 뒤로 넘어졌다. 그의 몸 위로 몽둥이가 쏟아졌다. 순식간에 몸이 일그러졌으며 여기저기서 피가 터져 나왔다. 이 광경을 눈앞에서 지켜본 학파 사람들은 순식간에 공포에 사로잡혔다. 학파의 여제자들은 괴성을 질렀다. 공포에 질린 고음이었다. 그제야 학파 제자 모두 어찌할 바를 모르고 도망치기 시작했다. 무리는 우왕좌왕하는 학파 제자 몇을 붙잡아 두들겨 팼다. 그들은 날아오는 주먹과 몽둥이, 발길질을 온몸으로 받아야 했다. 속절없이 무너지고 짓밟혔다. 고꾸라지고, 뒤틀리고, 깨지고, 터지고, 찢겼다.

누군가의 외침과 함께 학파 제자 대여섯 명이 무리를 향해 돌진해 왔다. 옆 사람과 팔짱을 꽉 끼어 빠져나갈 구멍이 없게 했다. 그들은 포물선 모양으로 공격하는 무리를 에워싸며 힘껏 무리를 밀쳐냈다. 군대의 대오 같았다. 나머지 동료가 방을 빠져나갈 틈을 마련하려는 거였다. 주먹질과 욕설, 몽둥이질 사이사이로 어서 나가라는 절규가 들렸다. 학파를 부탁한다는 유언도 남겼다.

그들의 대오는 무리의 공격을 잠시 묶어 두었다. 그들은 결코 나약하지 않았다. 정신 건강만큼이나 육체의 강건함을 위해 수련을 게을리 하지 않는다던 이야기가 거짓이 아니었다. 학파와 동료를 향한 그들의 애정도 상상 이상이었다. 그들이 만들어 낸 시간과 공간의 틈새로 나머지 동료가 방을 빠져나갔다. 마당을 거쳐 쭉 뻗은 직선처럼 대문을 향해 곧장 나아갔다.

마당을 관통하던 사람들 위로 돌멩이가 날아들었다. 2층 난간을 빙 둘러 기다리던 무리의 공격이었다. 맹수를 사냥하듯 무리는 힘껏 돌을 던졌다. 돌멩이가 비처럼 쏟아졌다. 그 비는 학파 제자와 그들을 뒤쫓던 무리 위에 함께 내렸다. 광기에 사로잡힌 돌팔매질이 정확할 리가 없었다. 돌은 사방으로 튀었고, 마당에 있던 모든 사람은 그 돌멩이를 맞았다. 맞고, 쓰러지고, 피하고, 부딪치며 난장판이 돼 버렸다.

불길이 솟아올랐다. 누구 짓인지는 알 수 없었다. 학파 제자를 향해 던질 게 없어진 무리가, 아니 그들을 사로잡은 광기가 그런 것 같았다. 불은 여기저기로 옮겨 붙었다. 쓰러져 있던 이들의 옷과 몸에도 옮겨 붙었다. 검기도 하고 희뿌옇기도 한 연기가 피어올랐다. 역겹고 메케한 냄새도 퍼졌다. 연기와 냄새는 밖으로 나가지 못하고, 집 안 구석구석을 돌아다녔다. 사람들은 구역질에 눈물, 콧물을 흘리며 갈피를 못 잡고 우왕좌왕했다.

사람들이 집을 빠져나가기 시작했다. 살려고 모두가 발버둥 쳤다. 학파 제자를 때려잡겠다던 무리도, 다른 동료를 구하겠다는 학파 제자도 마찬가지였다. 의연함도, 대의명분도, 정의도 모두 사라졌다. 먼저 빠져나가야만 했다. 목숨이 먼저였다. 아군과 적군을 구분할 수 없이 뒤섞였다. 누가 빠져나갔으며, 누가 나가지 못해 검은 재가 되었는지 알 수 없었다. 신만이 아는 일이었다. 일은 그렇게 끝났다. 광기는 그렇게 잦아들었다.

1

공격당한 피타고라스학파

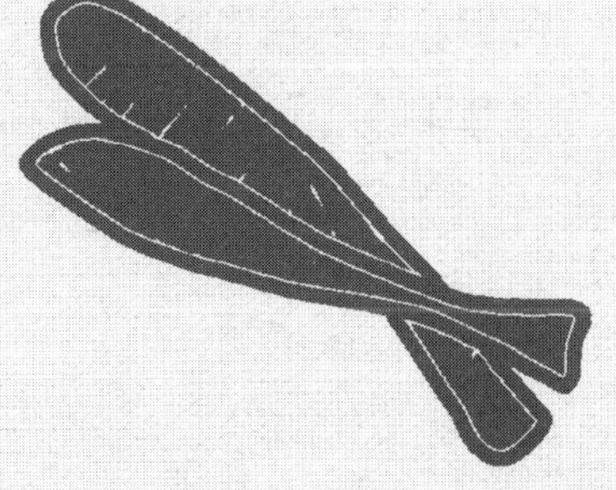

"여러분! 크로톤 시민은 우리에게 분노하고 있습니다. 스승께서 출타 중이신 때에 우리 동료를 공격한 사건은 우연이 아닙니다. 그것은 하나의 징조입니다. 대비해야 합니다."

답답하더라도 잠자코 있어야 했던 가르니논이 입을 열었다.

"가르니논, 지금 무슨 말인가? 외부 청강생 주제에 무슨 말을 하는 거야?"

최고 수제자가 급히 말을 막았다. 그의 갑작스러운 이야기로 동료들이 술렁댔다.

"하하하. 형제들이여! 평상심을 찾으시게. 학파의 사정을 잘 알지도 못하는 가르니논의 말에 신경 쓸 필요 없소. 그런 일이 있었다는 이야기를 들어 보지도 못했소. 내가 모르고 있다면 그건 없었던 일 아니겠소? 외부 청강생 말을 믿으려오, 아님 내 말을 믿으려오? 학파를 해하려는 자가 있다면 내 목숨을 걸고라도 막아 낼 테니 걱정 마시오."

당황하는 동료들을 달래려는 듯 그는 여유 있게 웃으며 말했다. 최고 수제자의 말에 동료들은 안심하며 진정했다. 가르니논은 더 답답해졌으나 그 맘을 속으로 삼켜야 했다.

'안 돼! 이러다간 무슨 일이 터지고 말 거야.'

"사람들이 쳐들어옵니다!"

"무장한 시민들이 몰려들고 있어요!"

하녀들이 발 빠르게 바깥소식을 전했다. 방에 있던 동료들은 무슨 일인지 의아해했다. 가르니논은 몹시 놀라고 당황했다.

'세상에 비밀이란 없나 보네. 몰래 모임을 가지려 했는데……'

이 모임은 매우 갑작스럽게 추진됐다. 목적은 간단했다. 학파를 향해 일어나고 있는 시민의 좋지 않은 움직임을 상세히 알리려고 했다. 하지만 그들의 움직임은 학파보다 더 빨랐다. 대처할 만한 시간적 여유를 허락하지 않았다.

동료 40여 명이 모였다. 모두 제자이거나 외부 청강생이다. 제자는 학파 안에 상주하며 학파의 중요한 일을 결정한다. 외부에서는 알 수 없는 사실, 예를 들면 스승의 동정이라든가 학파의 새로운 뉴스, 학파의 행사나 일정을 관리한다. 제자의 관심사는 온통 학파뿐이다. 외부 청강생은 이와 달리 세상 물정에 밝았다. 각자 자기 직업을 가지고 활동하면서 강의를 들으러 왔다 돌아가기 때문이다. 그들이 이 모임을 주최했다.

몸과 맘을 어떻게 수련하는가를 밀론으로부터 들어 보자는 것이 명목상의 취지였다. 이런 이유를 내세운 데는 많은 제자의 참석을 유도할 수 있다는 계산이 깔려 있었다. 심신 수련은 학파 최대의 관심사다. '정신을 맑게, 몸을 자유롭게!' 수련의 목적은 이렇게 요약된다. 몸을 마음대로 잘 놀리는 밀론은 제자 사이에서 관심 인물이었다. 또한 이런 명분은 모임이 외부에 알려지더라도 시민의 의심을 사지 않을 수 있어 더 좋았다.

시민의 움직임은 가벼이 넘길 정도가 아니었다. 시민은 분노하고 있었으며, 그 분노는 머지않아 터질 게 분명했다. 하지만 제자들은 전혀 낌새를 채지 못했다. 그들에게 진상을 상세히 전달하는 것이 이 회의의 실제 목표였다. 근래에 학파에 대한 공격이 있었지만, 대부분의 제자는 그 사실조차 몰랐다. 아는 제자마저 쉬쉬 하며 안이하게 대처했다. 잠시 출타 중인 스승이 돌아오면 모든 문제가 말끔히 해결되리라 믿었다.

'개미 같은 미물도 태풍이 오는 것을 직감하고 대비하거늘……
답답하다, 답답해!'

그때 문을 두들기는 소리가 들렸다. 분노한 군중의 목소리도 들렸다. 순식간에 동료들의 눈이 문으로 모아졌다. 몇 차례 부딪치는 소리가 들리더니 문은 뜯겼고, 미쳤다고 밖에 볼 수 없는 흉측한 얼굴들이 밀어닥쳤다. 최고 수제자는 즉시 그들을 나무랐다.

"너희는 누구냐? 신성한 학파의 모임이 보이지를……."

그의 말은 거기에서 끊겼다. 무리의 방망이질에 그의 머리가 짓이겨졌다. 여제자들이 기겁하며 소리를 질렀다. 유리잔 깨지듯 사람들은 순식간에 사방으로 흩어졌다. 일방적인 폭력에 일방적으로 당했다.

대여섯 명의 동료가 목숨을 담보로 탈출구를 만들어 냈다. 간신히 방을 벗어난 동료는 다시 마당에서 돌팔매질을 당했다. 모두가 그렇게 죽어 가던 차에 화재가 덮쳤다. 불길과 연기, 냄새가 자욱했다. 살아 나가려고 발버둥 치는 사람들로 아수라장이 돼 버렸다. 화마는 현장을 벗어나지 못한 모든 것을 삼켜 잿더미로 만들었다. 폭동은 그렇게 잦아들었다.

밖은 어둑어둑해져 있었다. 밀론의 집이 여전히 불타고 있어 등이 뜨거웠다. 아르키포스는 거친 숨을 몰아쉬며 주위를 살폈다. 왼쪽 옆구리가 욱신거렸다. 마당을 지날 때 돌멩이에 맞았다. 오른손으로 옆구리를 만지작거리며 고통을 달랬다. 아팠다.

'아…… 꿈이 아니었구나. 꿈이 아니었어.'

아픔을 느끼자 살아 있다는 게 실감났다. 살고 싶었다. 이 꼴을 보려고 학파에 입문해 여태껏 몸담아 온 게 아니었다. 몸의 감각이 되살아나면서 온몸에서 통증이 느껴졌다. 살아야 한다는 결연한 의

지 또한 온몸에서 솟아났다. 머리는 어지러웠고, 금방이라도 토할 것 같았다. 콧물과 침이 뒤섞여 입술 아래로 길게 흘러 내렸다. 검게 그을린 옷으로 입을 닦고 기어가기 시작했다.

화재로 인해 사람이 몰려들었다. 밟히지 않도록 길옆으로 비켜섰다. 수그러들었지만 불길은 계속되었다. 불을 끄러 오는 이도 있었고, 불구경하러 온 구경꾼도 있었다. 아르키포스는 그들과 반대 방향으로 나아갔다. 멀리 벗어나야 했다. 그래야 살 것 같았다. 꾸부정하게 몸을 일으키고, 무심한 눈길로 터벅터벅 걸어갔다. 불빛을 따라 주위가 밝아졌다 어두워졌다 했다.

얼굴 하나가 눈에 들어왔다. 멜리사였다. 그녀는 유난히도 눈이 맑고 깊은 여자 동료였다. 말을 나눠 본 적은 없지만 그 눈빛을 기억하고 있었다. 말이 별로 없고 눈에 띄는 행동을 하지는 않았지만, 그 눈빛으로 그녀는 자신의 존재를 알렸다.

어디를 바라보는지 알 수 없는 무심한 눈길로 앉아 있었다. 초점이 없었다. 그녀의 정신은 여전히 밀론의 집, 폭동 현장에 붙잡힌 채 멈춰 있는 듯했다. 옷이 찢어져 쇄골이 훤히 드러나 있었지만 개의치 않고 있었다. 아니, 그 사실조차 모르는 듯했다.

지나칠 수 없었다. 그냥 뒀다가는 무슨 일이 벌어질지 알 수 없었다. 그녀에게 다가갔다. 그녀는 아르키포스를 알아보지 못했다.

"멜리사, 멜리사! 정신 차려요. 이곳을 벗어나야 한다고요!"

"……."

그의 말은 그녀에게 다가가지 못했다. 찢어진 옷으로 몸을 가리며 그녀를 흔들었다. 거뭇거뭇해진 그녀의 부드러운 살결이 닿자 움찔했다. 남녀 간 접촉을 금했던 학파의 계율이 새삼스럽게 머리를 스쳤다. 머리를 흔들고, 얼굴을 톡톡 치면서 그녀의 이름을 불렀다.

"멜리사! 멜리사!"

반복해서 부르자 그녀는 그제야 아르키포스에게 초점을 맞추며 쳐다보았다. 그를 알아보는 듯 했지만 몸을 제대로 가누지 못했다. 누구냐는 말 한 마디도 없었다. 그녀를 옮겨야 했다.

아르키포스는 그녀를 들쳐 업었다. 그녀는 그의 등에 축 늘어지며 포개졌다. 생각보다 무겁지 않았다. 그의 행동은 다른 사람들 눈에 금방 띄었다. 화재로부터 부상자를 구해 주는 헌신적인 모습이었다. 사람들은 길을 내 주었다. 그 길을 따라 아르키포스는 무거운 발걸음을 재촉했다.

갑자기 뒤에서 누군가가 뒤따라오는 것 같았다. 아르키포스는 뒷목에 서늘한 기운을 느끼고는 조심스레 뒤돌아보았다. 폭도가 아니었다. 학파의 동료 리시스였다. 그는 아르키포스를 알아보고 그를 따라나선 것이다. 리시스 뒤로 동료 한 명이 더 따라왔다. 리시스는 멜리사를 업고 가는 아르키포스를 뒤에서 도왔다. 그렇게 그들은 잔인한 학살 현장으로부터 벗어났다.

‘여기가 어디지? 이 정도 도망쳐 왔으니 이제 안전하겠지?’

리시스는 속으로 말했다. 아르키포스를 따라 무작정 따라나서기는 했지만 걱정스러웠다. 이 정도면 됐다 싶기도 하다가, 이 정도로는 부족하다며 의심하기도 했다. 그걸 말할 수는 없었다.

그는 지금 침묵 수행 중인 제자였다. 3년간의 청강생 신분을 벗어나서 이 단계에 이른 지 얼마 되지 않았다. 무슨 일이 있더라도 침묵해야 한다는 스승의 말씀은 학파 밖인 이곳에서도 지켜져야만 했다. 답답했다.

청강생은 공동생활의 첫 단계였다. 베일 너머로 스승의 말씀을 들어야 하고, 강의 때 토론에 참여하는 건 불가능했다. 구분된 영역에서 스승과 다른 제자의 강의를 어깨 너머로 청강할 따름이었다. 이 단계를 통과한 자만이 침묵 수행으로 넘어갔다.

“아르키포스, 여기서 잠시 쉬는 게 어떨까요?”

외부 청강생인 가르니논이 침묵을 깨고 물었다.

“그래도 될까요? 폭도들로부터 충분히 벗어난 것 같죠?”

“그들이 여기까지 쫓아 오지는 않을 겁니다. 이곳은 크로톤의 북동쪽 끝이에요. 저기 보이는 저 언덕을 넘어서면 바다가 보일 거예요. 여기를 지나면 크로톤을 벗어나게 돼요.”

가르니논이 자신 있게 이야기했다. 크로톤 출신답게 그는 항구도시 크로톤의 지리에 밝았다. 아르키포스는 가르니논의 말에 안도했다.

"그래, 좀 쉬었다 가요."

멜리사의 상태는 여전히 좋지 않았다. 처음 발견했을 때처럼 그녀는 아직도 공포에서 벗어나지 못했다. 아리송한 눈길로 말없이 어딘가를 바라볼 뿐이었다. 아르키포스는 그녀에게 환한 웃음을 돌려주겠노라고 다짐했다.

자그마한 시내가 있는 밭에서 일행은 멈췄다. 이 시내는 크로톤의 경계 역할을 했다. 그 경계는 곧 학파의 경계이기도 했다. 그 선을 넘으면 학파를 벗어나게 된다. 그 선 앞에서 그들은 멈칫했다. 다소 두려워하는 기색도 있었다. 아르키포스도 약간 긴장했다. 크로톤 바깥세상을 잘 모르기 때문이었다. 마흔을 앞둔 그는 20여 년이라는 긴 세월을 스승과 학파만을 바라보며 좇아왔다. 젊음의 모든 시간을 학파에서 보냈다. 그 결과 수제자의 반열에 오를 수 있었다. 학파 바깥세상을 잘 모르는 건 자연스러웠다.

밭에는 밀단이 쌓여 있었다. 제법 편하게 누울 수 있을 것 같았다. 아르키포스는 일행을 그리 이끌어 간 후 얼굴을 살폈다. 멜리사를 업고 빠져나오던 그를 따라 다른 제자들이 가세했다. 어찌할 바를 몰라 헤매던 동료에게 아르키포스의 움직임은 하나의 이정표가 된 셈이었다. 일행은 모두 여섯 명이었다. 아르키포스, 멜리사, 가르니논, 리시스, 카리프톤과 히테아노. 이중 멜리사와 히테아노는 여성이었다. 그는 크로톤 외곽이니 괜찮을 거라고 동료들을 위로하며 쉬게 했다.

동료들은 그 말을 듣자마자 밀단 사이사이로 털썩 주저앉으며 몸을 숨겼다.

'별은 어제처럼 그대로네. 여전히 빛나고 있어.

달도 마찬가지고.

우리 신세만 달라진 거잖아. 우리만 달라졌어.

참 야속하고 원망스럽다.'

리시스는 가만히 머리를 들어 별을 바라봤다. 그렇게 두렵고 초조한 밤은 처음이었다. 아르키포스 옆으로 몸을 바짝 붙였다. 고개를 돌려 다른 동료들을 쳐다봤다. 누가 시킨 것도 아닌데 모두 밤하늘을 응시하고 있었다. 자신의 처지가 우습고 초라하기 그지없는데, 별은 변함없다는 게 화가 났다. 말로라도 맘껏 퍼붓고 싶었다. 침묵 수행이 싫었다. 그러다가도 말하면 자신의 나약함이 고스란히 드러날 게 뻔해 다행이라는 생각도 들었다. 멍하니 있자니 무표정한 스승의 얼굴이 떠올랐다. 수많은 청중 앞에서 당당하게 말씀하는 모습이었다. 리시스가 가장 좋아하는 장면이었다. 그의 말씀이 들려왔다.

'하늘의 세계는 완전무결한 법칙대로 운영된다. 한 치의 오차와 오류도 없이 돌아가지. 하늘에 떠 있는 수많은 별을 봐. 별끼리 충돌하거나 부딪치는 걸 본 적 있어? 여태껏 그런 경우는 단 한 번도 없었어. 단 한 번도. 이게 뭘 말하는 걸까? 이 세계에는 완벽한 질서가 있다는 거야. 신께서 이 세상을 그렇게 창조했고, 그렇게 운영하신다는 거 아니겠어?

"코스모스!" 세상과 우주의 아름다움을 기리기 위해 내가 만들어 낸 말이야. 조화라는 뜻이지. 우주는 질서를 통해 코스모스 상태를 유지해. 그걸 꼭 가슴에 새겨 둬야 해. 우리가 땅만 바라보면 이 세계가 혼돈과 우연일 뿐이고, 힘 있고 돈 많은 자가 주물럭거리는 세상일 뿐이라고 생각하기 쉬워. 그럴 때 하늘을 보며 명상에 잠겨 봐. 코스모스라는 단어를 떠올리라고.

모든 천체는 둥글어. 석양과 보름달을 봐. 원이 완전한 도형이기 때문이야. 완전한 천체이니만큼 원 이외의 모양을 가질 수는 없어. 모나지 않고, 중심으로부터의 거리가 어디서나 일정한 원은 언제나 변함없고 아름답지. 별은 구 모양이고, 원 궤도를 따라 운행해. 그래서 별끼리 충돌하는 일도 없어. 질서를 유지하는 거야.

우리가 사는 지구도 다른 별처럼 둥글어. 지구도 도는 궤도가 있는데 원이야. 땅만 바라보는 이들은 땅이 평평하다고 하지만 그건 보이는 대로만 판단하기 때문이야. 하늘을 바라보지 못하고, 하늘의 이치를 탐구하지 못 해서지. 지구도 코스모스의 일부일 뿐이야. 눈을 감고 마음의 귀를 열고 들어 봐. 천체가 운행하는 소리가 들릴 거야. 우주의 조화로운 음악이 들릴 거라고.

우주가 그러할진대 사람도 질서에 따라 조화를 이루며 살아야 하지 않겠어? 행성마다 자신의 고유한 궤도가 있듯이 사람에게도 넘어서는 안 되는 영역이 있지. 자신의 분수를 알고 그에 따라 살아갈 때 우주처럼 코스모스가 되는 거야. 그러니 세상의 이치를 먼저 탐구해야 해. 하루아침에 되는 게 아니니 매일매일 정진하라고.'

흐릿하던 스승의 모습이 서서히 또렷해졌다. 리시스는 신세를 한탄했던 자신을 반성했다. 땅에 갇혀 하늘을 보지 못한 우둔함을 탓했다. 수행이 부족해도 한참 부족했다. 스승의 말씀과 더불어 밤하늘을 마음에 담았다. 몸과 마음을 다시는 땅에 파묻지 않겠노라고 다짐했다. 그 순간 그는 놀라운 사실을 하나 발견했다.

'어? 우리 일행이 여섯 명이네. 6이야 6. 완전수! 자신을 제외한 약수의 합이 자신과 같아지는 수. 1+2+3=6이잖아. 아폴론 신의 계시임에 틀림없어. 쫓기는 신세이긴 하지만 우린 하나의 완전한 세계를 이루고 있어. 우리가 잘 뭉치면 얼마든지 이 난관을 극복할 수 있어. 다른 동료들은 이 사실을 알고 있을까? 이 엄청난 비밀을. 아, 말해주고 싶다. 모두 놀라워할 텐데.'

"여기는 크로톤의 경계에요. 바깥으로 더 나갈 건지를 결정해야 해요."

정적을 깨고 가르니논이 아르키포스를 향해 물었다.

"아니 그걸 몰라서 물어요?"

옆에 있던 카리프톤이 생각할 게 있느냐는 표정으로 대답했다.

"어디로 가는지 다 정해져 있었나요?"

"그럼요."

"어디로요?"

"가긴 어딜 가요. 학파로 돌아가야지요. 우리가 가야 할 곳은 그곳뿐이죠."

가르니논과 카리프톤의 대화가 이어졌다. 가르니논은 몰라서 물었고, 카리프톤은 안다며 답변했다. 카리프톤은 가르니논이 왜 그걸 묻는지 이해하지 못했고, 가르니논은 카리프톤이 왜 그렇게 쉽게 대답하는지 알 수 없었다. 둘의 주장은 마치 평행선처럼 절대 만나지 않고 나란히 뻗어 가는 것만 같았다.

카리프톤에게 답은 항상 쉽고 명쾌했다. 답을 찾기 위해 고민할 필요가 없었다. 고민해 보지도 않았다. 그에게 고민이란 '무엇을' 해야 할까가 아니었다. 주어진 답을 얼마나 제대로 실천하느냐였다.

학파에서 해야 할 것은 이미 정해져 있었다. 스승은 그의 지식과 깨달음을 통해서 삶에 대한 많은 것을, 사실은 거의 모든 것을 이미 밝혀 놓았다. 왜 사는지, 어떻게 살아야 하는지, 무엇을 해야 하는지까지 명쾌하게 말씀했다.

피타고라스는 사람에게 육신이 아닌 영혼이 있다고 했다. 중요한 것은 영혼이다. 영혼은 천상의 세계에 있던 존재로 완전한 반면, 지상 세계에 속한 육신은 불완전하다. 삶의 비애는 그런 영혼이 그런 육신에 갇혀 산다는 거다. 육신의 욕구가 강할수록 영혼은 힘을 발휘하지 못한다. 그 결과 사람들은 보는 대로 판단하고, 하고 싶은 대로 행하며 말썽을 일으키는 것이다. 모든 혼란과 무지는 육신으로부터 발생한다.

따라서 우리는 이 영혼을 육신으로부터 구해 내 자유롭게 해야 한다. 영혼이 육신을 다스려 가며 살아야 한다. 그러려면 몸을 절제할 줄 알고, 영혼을 튼튼하게 해야 한다. 철학과 수학을 통해 신의 지식을 탐구하여 쌓아 가야 한다. 변함없고 영원한 지식이 그것이다. 피타고라스는 수련법을 아주 세세하게 알려 줬다. 무얼 먹고, 몇 시간 자고, 매 때마다 무얼 해야 하는지조차도. 학파 제자는 그대로 살기만 하면 됐다.

카리프톤은 9년 전에 학파에 정식으로 입문했다. 침묵 수행을 마치고 제자가 된 지 1년 정도 됐다. 그가 처음 접한 학파의 생활방식은 특이했다. 기숙사에서 함께 생활하고, 자기 입맛대로 음식을 먹는 것도 허용되지 않았다. 스승은 강의를 통해 학파의 이모저모와 그의 철학을 알려 주었다.

침묵 수행에 접어들었을 때는 결정 내리기가 쉽지 않았다. 스승은 권했지만 확신이 서지 않았다. 주위에서는 받아들이라고 했다. 입문하고 싶어도 못하는 사람이 꽤 있었다. 부럽다는 반응도 많았다.

조금 흔들렸다. 결정적인 이유가 된 것은 그가 보았던 제자들의 모습이었다. 특히 여제자의 분위기는 매우 달랐다. 그녀들은 도도한 듯 자신감이 넘쳤으나 결코 교만하지 않았다. 조용조용했지만 동작은 민첩했다. 남성과 토론이 가능할 정도로 지적이면서, 순종할 줄 아는 성품을 지니고 있었다. 그녀들은 그리스의 남성도, 그리스의 여성도 아니었다. 학파의 여성이라는 '제3의 성'으로 표현하는 게 적당했다. 남성의 장식물 정도로 여겨지던 일반적인 여성과는 달랐다.

침묵 수행은 쉽지 않았다. 평소 말이 많은 편이 아니었지만 침묵은 힘들었다. 처음에는 불쑥불쑥 말이 튀어나오려 했다. 의식적인 노력이 필요했다. 너무 의식하다 보니 다른 수행에 방해가 되기도 했다. 결국 사람을 피하게 됐다. 혼자 있으니 침묵이 쉬워졌다. 혼자만의 시간 속에서 카리프톤은 많은 걸 생각했다. 자기에 대해서, 스승의 말씀에 대해서, 학파의 계율에 대해서 하나하나 음미했다. 그러자 많은 것이 보이고, 이해되기 시작했다. 침묵이라는 수련법이 좋다는 확신을 갖게 됐다. 이후 그는 스승의 말씀과 계율을 무조건 받아들였다. 그게 지름길이었기 때문이다.

카리프톤에게 스승의 말씀은 절대적이었고, 답 그 자체였다. 그의 세계에서 중력의 방향은 항상 스승이었다. 모든 물체는 스승을 향했다. 그러니 학파로 되돌아가는 건 당연했다.

그는 스승의 말씀에 토를 다는 법이 없었다. 이해가 안 되면 깊은 뜻이 있으려니 하고 그냥 넘어갔다. 때가 되면 자연히 깨닫게 되리라고 낙관했다. 이런 카리프톤의 눈에 비친 가르니논의 태도는 학파를 불신하는 외부 청강생 이상도 이하도 아니었다. 그는 학파에 호의를 가지고 있는지 알 수도 없는 가르니논과 대화를 나누기 어려웠다.

카리프톤이 생각을 곱씹는 사이 가르니논이 아르키포스에게 말했다.

"여기에 계속 머물 수는 없어요. 곧 해가 떠오르기 시작할 테고, 세상은 하나둘씩 그 모습을 드러낼 것입니다. 어둠이 언제까지 우리를 숨겨 줄 수는 없어요. 뭔가를 결정해야 한다고요."

아르키포스의 귓가에 결정이란 말이 들어와 박혔다. 결정! 가르니논의 말이 맞다. 어디로든 자리를 옮겨야 한다. 하지만 그도 어디로 가야 할지 몰랐다. 그것보다 더 곤혹스러운 건 혼자서 결정해야 하는 상황 자체였다.

학파에서는 항상 스승이 결정했다. 스승은 혼자서 또는 제자들의 의견을 듣고 나서 결정을 내렸다. 그런데 그 스승이 없다. 아르키포스가 스승을 대신해 결정을 내려야 했다. 무작정 기다릴 시간이 없었다. 날이 밝으면 활동에 애를 먹을지도 몰랐다. 동료들이 더 힘들어지기 전에 신속하게 결정해야 했다.

"맞아요. 우린 움직여야 해요. 학파로 돌아가긴 가야지요. 학파는 유일한 우리의 집이잖아요."

“하지만 돌아가는 도중에 무슨 일이 생길지 몰라요. 어제 보셨잖아요. 우리를 잡아먹지 못해 안달인 사냥개가 도심에 쫙 깔려 있다고요.”

가르니논이 즉각적으로 반박했다. 그러자 카리프톤이 가르니논을 다시 반박했다.

“어제는 그랬죠. 하지만 이젠 아침이라고요. 그들이 설마 아침까지 그런 짓을 하겠어요? 우린 돌아가서 학파와 시 당국에 어제의 학살극을 알리고, 주동자와 범인을 잡아 정의를 바로 세워야 합니다. 하루라도 늦어지면 사건 해결은 그만큼 어려워진다고요.”

“만약 그렇지 않다면요?”

“그렇지 않다는 게 뭐죠?”

“어제의 폭도들이 아직 흩어지지 않고 우리를 기다리는 거죠. 그들은 어제의 화재가 우리 때문에 발생한 거라고 입을 맞췄을지도 몰라요. 함정을 파 놓고 우리를 기다리는 거죠.”

“가르니논, 그들을 너무 겁내는 거 아닌가요? 어제 사건은 분명 학파에도 알려졌을 테고, 학파에서 조치를 취해 우리를 찾고 있을 걸요. 외부 청강생이라 아직 학파의 힘과 우정을 잘 모르나 본데…….”

“무슨 말씀이세요? 이래봬도 학파에 대한 애정은 각별합니다. 그렇지 않다면 제가 왜 여기서 이런 고생을 하겠어요. 저야 모른 척하고 제 집으로 돌아가면 그만이라고요. 어제 폭동 현장에 없었다고 하면 끝이라고요."

가르니논의 항변은 옳았다. 맘만 먹었다면 그는 얼마든지 집으로 돌아갈 수 있었다. 어제의 폭동은 제자를 겨냥한 것이었다. 외부 청강생은 학파의 정식 멤버가 아니다. 그들은 학파의 속사정도 모르고, 영향력도 없었다. 그들은 반인반마처럼 반은 학파, 반은 시민 사회에 속해 있었다. 학파에 관심 있는 시민이라고 보는 게 적절했다.

아르키포스는 심사숙고했다. 선택을 잘못하면 동료들의 목숨마저 위태롭게 된다. 학파로 되돌아가야 하는 건 맞지만 가르니논의 예측은 일리가 있었다. 그 역시 학파로 가는 길이 염려됐다. 아무것도 모르는 다른 동료들은 가르니논의 이야기를 지나친 억측으로 받아들였다.

다른 동료들은 시민의 공격적인 태도를 알지 못했다. 대비책을 강구해야 했으나 스승은 페레키데스를 만나러 시로스 섬에 갔다. 스승의 첫 스승이던 페레키데스는 죽음을 앞두고 있었고, 스승은 제자들의 만류에도 불구하고 그를 만나러 갔다. 어제의 폭동은 스승의 부재를 틈타 일어났다. 계획적이고 전략적이었다. 이런 정황을 바탕으로 미루어 짐작해 보면 돌아가더라도 안전을 장담하기 어려웠다.

결정을 내리기 전에 확인해야 할 게 있었다. 멜리사의 몸 상태와 그녀의 입장이었다. 아르키포스는 그녀에게 물었다.

“멜리사! 이동할 수 있겠어요?”

“여기 그냥…… 있는 건 곤란한가요? 그러고 싶은데.”

“힘들어서 그런 거죠? 그래도 안전한 곳으로 피해야 해요. 도와 줄 테니 걱정 말아요.”

“정 그래야 한다면 어쩔 수 없죠. 그러나 학파로 돌아가지는 않을래요. 그럴 거라면 저를 여기…… 두고 가세요. 크로톤으로, 학파로 다시 가기는 싫어요!”

‘가엾은 멜리사!’

아르키포스는 애처로웠다. 그녀는 여전히 정신적인 쇼크에 짓눌려 있었다. 그 쇼크가 크로톤으로 되돌아가는 생각 자체를 가로막았다. 거기가 상처의 진원지였기 때문이다. 가기 싫다는 말을 강조하여 또박또박 뱉어 내며 그녀는 확고하게 의사를 밝혔다. 아르키포스는 그녀를 데리고 크로톤으로 가는 건 불가능하다는 걸 직감했다. 그때였다.

“우리끼리라도 가야 합니다. 원하는 사람은 누구나 학파를 떠날 수 있습니다. 학파의 이상과 수련을 감당하기 어려운 자는 어쩔 수 없죠. 자기가 헌납한 재산의 두 배를 받아 떠날 수 있으니 그런 자에게는 이득이잖아요.”

카리프톤다운 답변이었다.

“그러고서는 그런 자를 위해 비석을 하나 세우시겠죠? 학파를 떠난 것이 죽은 것과 같다는 의미로 말이에요. 떠나간 동료에 대한 예우를 다했다고 생각할 테고."

가르니논이 비꼬는 투로 말했다. 못마땅해 하는 맘이 여실히 드러난 말투였다. 그걸 모를 리 없는 카리프톤은 살짝 기분이 상했다. 외부 청강생이 제자와 동등한 위치에서 말하는 것도 눈에 거슬리는 모양이었다. 얼굴이 굳어졌다.

"멜리사가 가지 않겠다고 한 건 맞아요. 그렇지만 그건 학파가 싫어서가 아니라 학파가 있는 크로톤이라는 도시 자체가 무서워서예요. 이 상태에서 내린 그녀의 결정이 학파를 떠나겠다는 의사 표명이라고 볼 수 있나요?"

"그럼 히테아노는 멜리사를 두고 갈 수 없다는 건가요?"

"꼭 그런 뜻은 아니에요, 카리프톤. 다만 상황이 예전과는 다르다는 거죠. 조건이 달라진 만큼 해답도 달라져야 하는 거 아닐까요?"

조용해졌으나 분위기가 좋지는 않았다. 아르키포스는 결심한 듯 일어서며 말했다.

"여러분, 곧 날이 밝아옵니다. 우린 이곳을 떠나 다른 곳으로 가야 합니다. 우리는 모두 하루라도 빨리 학파로 돌아가고 싶어 합니다. 하지만 저는 다른 결정을 내렸습니다.

우리는 학파로 돌아가지 않을 겁니다. 다른 곳에 잠시 피해 있다가 갈 겁니다. 멜리사를 혼자 두고 갈 수는 없어요. 우리에게 있어서 가장 중요한 덕목이 무엇입니까? 우정입니다. 스승께서 친구를, 우정을 어떻게 말씀하셨는지 기억하시죠?

친구란 또 다른 나입니다. 우애수를 떠올려 보세요. 220과 284. 220의 약수인 1, 2, 4, 5, 10, 11, 20, 22, 44, 55, 110을 모두 더하면 284가 되고, 반대로 284의 약수 1, 2, 4, 71, 142를 모두 더하면 220이 돼요. 이런 수가 있다는 게 신기하죠? 우리가 알고 있는 유일한 쌍이에요. 그만큼 친구가 드물고, 우정을 지키기 어렵다는 걸 뜻해요. 수많은 사람 중 제자는 모두 우애수처럼 귀하고 소중한 존재예요. 진정한 우정을 나눌 수 있는 친구죠.

우린 멜리사를 홀로 둘 순 없어요. 그녀는 지금 어려움에 빠져 있는 우리의 친구예요. 우리는 친구를 위해 목숨까지도 기꺼이 바칠 수 있어야 합니다. 그런 우정은 우리 학파에서만 가능합니다. 세상 사람은 흉내도 못 내죠. 그녀와 함께 잠시 피신하도록 합시다. 그 길이 피타고라스를 스승으로 둔 우리가 걸어가야 할 길입니다. 모두 그렇게 해 주세요."

아르키포스의 이야기에 모두 동감했다. 더 이상의 논쟁이 있을 수 없었다. 수제자다운 생각의 깊이와 과감함이 돋보였다.

'역시 수제자는 수제자로구나.'

가르니논은 감탄했다. 괜히 학파가 아니라는 걸 깨달았다. 절대 불변의 기준에 따라 판단하고, 그 판단 그대로 실천한다는 걸 확인한 순간이었다. 학파에는 깊고 오묘한 정신뿐만 아니라 그 정신대로 움직이는 몸이 있었다. 그건 하루아침에 만들어질 수 없었다. 학파의 제자를 섣불리 판단해서는 안 되겠다고 다짐했다.

우애수에 대한 이야기는 처음 들었다. 그런 수가 있다는 걸 상상하기도 어려운데, 그런 수를 찾아내다니 대단하다는 말 밖에 안 나왔다. 무수히 많은 수 중에서 찾아낸 유일한 쌍. 이름도 멋지다. 그걸 삶의 가치와 철학으로 승화시킨 그 정신은 더욱 멋졌다. 가르니논은 피신이긴 하지만 기대감 넘치는 여행이 될 것 같은 느낌이 들었다.

다른 세상,
다른 사람,
다른 만남

2

일행은 북쪽으로 피신하기로 했다. 우여곡절 끝에 그렇게 결정했다. 카리프톤은 남쪽으로 가야 한다고 했다. 학파의 영향력이 많이 미친 곳이라는 이유에서다. 정보를 얻거나 도움받기가 수월하다는 거였다.

그러나 가르니논은 반대했다. 남부 지역에 학파의 영향력이 많이 미치는 건 맞다. 하지만 그와 비례하여 크로톤 시민의 정치적 영향력 또한 강력하게 미친다. 크로톤 시민이 맘만 먹으면 얼마든지 영향력을 행사할 수 있다. 몸을 잠시 피할 거라면 남쪽보다는 학파의 영향력이 미치지 않는 낯선 북쪽이 더 적합하다고 했다.

팽팽한 균형추를 북쪽으로 돌린 건 히테아노였다. 그녀는 멜리사에게 북쪽이 좋을 것 같다고 했다. 낯설어도 동료가 함께 있으니 문제될 건 없다. 조용한 곳으로 가 그녀에게 몸과 맘을 추스를 시간을 주자. 거기서 잠시만 있다가 돌아오자는 그녀의 말을 아르키포스가 받아들였다. 그들의 길은 북쪽으로 결정되었다.

크로톤은 반도 남부에 자리 잡은 해안 도시이다. 북쪽으로 가는 방법은 간단했다. 해안을 따라 올라가면 그만이었다. 날이 밝아 오면서 일행은 기약 없는 여행을 시작했다. 아르키포스는 만약을 대비해 둘씩 짝을 이뤄 움직이도록 했다. 히테아노는 같은 여성인 멜리사와 짝이 되었다. 카리프톤과 가르니논이 짝이 되면 다툼이 잦을 게 분명했다. 아르키포스는 가르니논을 자기 짝으로 선택하고, 카리프톤과 리시스를 짝으로 맺어 줬다.

일행은 타박타박 해안을 따라 걸었다. 누군가가 뒤쫓아 오지 않을까 염려하며 경계심을 늦추지 않았다. 동료를 안전하게 인도해야 하는 아르키포스는 더욱 긴장했다. 그는 그리스 본토 출신으로 크로톤 인근을 제외한 지역은 가 본 적도 없었다. 그 점이 그를 불안하게 했다.

'동료들을 잘 이끌어 갈 수 있을까? 여섯 명의 목숨이 걸려 있잖아. 스승님 참 대단하셨네. 제자 수백 명을 수십 년간 잘 이끌어 오셨으니 말이야.'

스승이 새삼 위대하게 느껴졌다. 아르키포스가 이 정도의 무게감을 느껴 본 건 처음이었다. 사람을 책임지고 보살피는 게 무엇보다 힘든 일이란 걸 처음 맛보았다. 그나마 힘이 되어 준 건 가르니논이었다. 평소에는 별로 주목하지도, 눈에 들어오지도 않던 그였다.

학파에 외부 청강생은 많았다. 많은 이가 입문하려고 찾아오지만 그 중 상당수는 중도 탈락한다. 제자는 그들에게 동료로서의 신뢰를 보이지 않는다. 수제자와 외부 청강생이 같이 어울리고 만날 기회는 그보다도 적었다. 그런 가르니논이 지금은 아르키포스의 힘이 돼 줬다. 가르니논은 그걸 눈치채지 못했다.

부담스러워지기 시작한 건 오히려 카리프톤과 리시스였다. 그들은 앞날에 대해 낙관하고 있다. 스승과 수제자를 믿고 따르기만 하면 모든 문제가 풀릴 거라 믿고 있다. 평상시 그런 태도는 모든 이들의 귀감이 됐을 것이다. 하지만 지금은 비상시였다. 제자와 외부 청강생에 대해 다른 마음을 갖게 된 그는 쓴 웃음을 지었다. 조금 당황스럽기까지 했다.

'참 아름답구나. 햇볕 좀 봐. 파도 소리 한번 시원하네. 학파 근처에 이런 곳이 있었다니! 크로톤 생활을 10년 가까이 했는데도 전혀 모르고 있었네.'

여느 해안가와 다르지 않았다. 높지도 낮지도 않은 파도가 리듬에 맞춰 들어왔다 나갔다. 해안가를 따라 고운 모래밭이 이어졌다. 그 안쪽으로 길이 나 있었다. 햇볕은 높고 맑았다. 햇볕은 구석구석 비추었고, 만물은 햇볕을 받아 뚜렷하게 빛나고 있었다. 모든 존재는 햇볕 아래에서 고유의 색과 멋을 드러낸다. 그렇게 다양한 색상이 있음을 어둠 속에서는 알지 못한다. 햇볕이 모든 존재의 근원이라는 걸 햇볕은 스스로 증명하고 있었다. 햇볕이 미치지 못하는 그늘마저 햇볕이 빚어 낸 작품이었다. 이런 햇볕이 카리프톤에게도 스윽 들어왔다. 바람도, 파도도 아무런 가림막 없이 파고들었다.

카리프톤의 온몸에서 뭉클한 뭔가가 일어났다. 새로운 감정이라기보다는 잊고 있던 아련한 추억을 되새기는 느낌이었다. 바람이 그와 부딪치기보다는 그가 바람과 하나가 된 듯했다. 바람은 그의 온몸으로 퍼졌고, 그도 바람 따라 휘휘 퍼져나갔다. 그 바람결에 자신과 외부 사이에 있던 가림막이 치워졌다.

학파에 입문하기 이전, 그는 조용한 청년이었다. 이렇다 할 욕망도 꿈도 없었다. 여느 청년처럼 정치에 입문해 권력을 쟁취해 보려는 맘도 없었다. 또래 남자가 으레 관심 갖기 마련인 여자에도 빠지지 않았다. 여자에 관심이 없었던 것은 아니었다. 다만 맹목적으로 여자를 쫓아다니고 싶지 않았다.

그는 바다를 사랑했다. 끝없이 펼쳐진 바다, 뭐가 뭔지 모를 만큼 희미해지는 수평선이 무작정 좋았다. 바다와 하늘의 경계가 모호해지는 그곳, 자기를 드러내지 않아도 되는 곳, 너와 내가 구분되지 않고 하나의 그림이 되는 그곳이 좋았다. 그래서일까? 그는 바닷속에서 헤엄치는 것을 즐겼다. 바람과 파도가 밀고 때리며 간질이는 그 느낌을 사랑했다. 자신이 살아 있음을 만끽했다.

수평선까지 가 보고 싶었다. 그의 유일한 소망이었다. 희끄무레한 그곳에 뭐가 있는지 궁금했다. 이룰 수 없는 꿈이란 걸 알고 있었다. 하지만 그 꿈이라도 간직하며 살고 싶었다. 수평선을 향해 헤엄쳐 나아간 적이 몇 번 있었다. 가도 가도 수평선은 그대로였다. 그 꿈은 그렇게 서서히 멀어져 갔다. 그 후 부모님의 권유에 따라 학파에 입문하게 됐다.

'헤엄이나 쳐 볼까.

후훗. 많이 변했구나.

예전 같았으면 생각하기 전에 풍덩 했을 텐데.

이젠 생각부터 하네.'

카리프톤은 자기도 모르게 머리를 흔들었다. 정신을 깨워 현실로 돌아왔다.

정오를 넘어가면서 날씨는 더 뜨거워졌다. 하늘이 맑아 그림 같은 풍경이었지만 이동하기에는 녹록치 않은 날씨였다. 바람마저 불지 않아 움직일수록 사람의 진을 뺐다. 그늘지면서도 조금은 은밀한 곳을 찾아야 했다.

멀리 우산 소나무 숲이 보였다. 햇볕을 피하기에 제격인 나무다. 쭉 뻗은 나무줄기 위에 우산처럼 넓게 퍼져 있는 나뭇가지와 잎이 햇볕을 가려 준다. 그 밑으로는 바람이 깃들 수 있어 시원하다. 이런 점 때문에 전쟁터의 병사들이 햇볕을 피할 수 있도록 많이 심어 놓았다. 일행은 그 숲으로 가서 가장 크고 울창한 나무 그늘 아래 자리를 잡았다.

배가 고팠다. 크로톤을 떠나온 지 한나절이 훨씬 지났건만 물 이외에는 먹은 것이 없었다. 가만히 앉아 있으려니 배고픔이 밀려 왔다. 허기를 느낄 겨를도 없이 숨 가빴던 시간의 연속이었다. 채식과 소식으로 단련된 그들이었지만 배고픔을 이길 재간은 없었다. 그들은 뭐라도 먹어야 사는, 신이 아닌 사람이었다.

배고프다고 말을 꺼내는 사람은 없었다. 리시스도 배가 고팠다. 학파에서 먹던 갓 구운 빵이 먹고 싶었다. 화려한 맛이 아니어서 처음엔 그저 배고픔을 달래기 위해 먹었다. 그리웠다. 빵도, 그 빵을 맛있게 먹던 학파에서의 생활도!

'다른 동료들은 지금 무얼 생각하고 있을까? 나처럼 빵 생각하고 있겠지? 틀림없이 그럴 거야. 차마 배고프다고, 뭘 좀 먹고 싶다고 말을 못하는 거겠지?'

빵과 음료수를 연상하고 있는 아르키포스의 모습을 생각하니 웃음이 나왔다. 그러다가 자기 모습이 한심스러워 또 피식 웃었다.

그들은 소나무 두 그루 아래 흩어져 앉았다. 옷매무새는 흐트러지고, 자세는 제각각이었다. 가만히 앉는가 싶더니 하나둘씩 눕기 시작했다. 더위와 배고픔, 피로에 말할 힘도 없었다. 정적이 흘렀다. 잠을 자는지, 명상을 하는지 구분하기 어려웠다.

"쿠궁 쾅쾅 쿠쿠쿵."

갑작스런 소리에 아르키포스가 벌떡 일어났다. 마른하늘에 날벼락 같은 소리였다. 깨어나서야 잠들어 있었음을 알았다. 정신을 차리고 주위를 살폈다. 하늘은 맑았다. 천둥소리는 아니었다. 혹시 누군가 공격해 오는 것은 아닐까? 등골이 오싹했다. 여기까지 따라온 걸까? 어디에도 그런 낌새는 없었다. 다행이다 하면서도 불안했다. 뭔 소리였지?

"꾸륵 꾸르륵 꾸르륵."

바로 옆에서 누워 있던 리시스의 배에서 나는 소리였다. 배가 고파서 나는 소리였다. 아르키포스는 가슴을 쓸어내렸다. 이제 갓 스물을 넘은 리시스는 한창 때였다. 돌이라도 씹어 먹을 나이에 아무 것도 못 먹었으니 당연했다. 안쓰러웠다.

꾸르륵 소리가 연달아 났다. 닭 울음처럼 높고 긴 소리가 알 수 없는 리듬이 되어 들려왔다. 씨익 웃으며 듣는데 멜리사가 일어났다. 살짝 겁먹은 표정이었다. 두리번거리다가 아르키포스와 눈이 마주쳤다. 리시스 때문에 깬 것을 알고 그녀도 안도했다.

그때 리시스가 놀란 표정으로 벌떡 일어났다. 자기 소리에 자기가 놀란 거였다. 수련에 매진하느라 진지하게만 보이던 모습은 어디에도 없었다. 졸리고 배고픈 보통 청년이었다. 그 모습에 멜리사가 웃었다.

오랜만의 웃음이었다. 신께서 함께 하신다는 징조 같았다. 긴장이 많이 풀렸는지 동료들의 표정도 더 가벼웠다. 다행스러웠다. 삶이 힘든 건 눈물과 슬픔 때문이 아니다. 눈물을 닦아 줄 웃음이 없기 때문이다. 이제 뭐라도 할 수 있을 것 같았다. 우선 뭐라도 먹어야 했다.

초저녁 바람을 타고 포도 향기가 실려 왔다. 시큼하면서도 달달한 포도향. 그 향은 매우 짙었다. 입가에 침이 고이며 생기가 돌았다. 온몸의 감각이 살아났다. 자극이 워낙 강해 정신이 아찔해질 정도였다. 정신을 완전히 다른 세계로 끌어올리는 것 같았다.

사람들의 노래 소리가 아득한 곳에서부터 들려왔다. 가늘고 높은 목소리였다. 여성들의 목소리가 또렷하게 들려왔다. 웬 여자들의 노랫가락일까? 가만히 귀 기울여 보니 목소리가 그들을 향해 점점 다가오고 있었다. 일행은 서둘러 자리를 옮겼다.

한 떼의 여성이 모습을 드러냈다. 주문 같기도 하고 노래 같기도 한 웅얼거림을 되뇌는 여자가 맨 앞에서 무리를 인도했다. 얼핏 보면 미쳐 있는 것 같기도 했고, 달리 보면 다른 세계에 빠져 있는 것 같기도 했다. 북을 두드리는 사람, 피리 부는 사람, 항아리를 이거나 짐을 나르는 사람이 뒤를 따랐다. 그 뒤로도 사람은 더 있었다. 꽤 많은 무리가 일행이 쉬던 나무 주위로 모여들었다.

"저리로 가 봐요."

가르니논이 큰 관심을 보이며 말했다.

"그냥 여기 숨어서 살펴봐요. 무슨 일이 일어날지 모르는데."

상황 파악을 못한 아르키포스가 조심스럽게 말했다.

"종교 집단인데다 여성이 많아 위험할 게 없어 보여요. 맨 앞의 여자는 사제가 확실하고, 남자들은 구경꾼이거나 여자들을 도와주는 정도일 뿐이에요."

히테아노가 그렇게 말하고는 슬그머니 앞으로 나갔다. 뒤돌아보지도 않았다. 그녀는 무리의 꼬리를 물고 들어갔다. 의외로 대담한 구석이 있었다. 무리는 그녀를 신경 쓰지도 않았다. 모두 여사제에게 관심을 집중했다. 다른 동료들도 히테아노를 따라 무리에 합류했다.

그 무리는 큰 우산 소나무 주위를 돌기 시작했다. 적당한 크기의 원을 그리며 노래와 춤이 이어졌다. 여사제가 선창했다. 그녀의 목소리는 사람의 맘을 파고드는 구성진 면이 있었다. 목소리는 매우 안정되었고, 리듬과 멜로디를 자유롭게 구사했다. 나머지 무리는 그 소리, 아니 그 노랫가락을 따라 했다.

"우우우 와우와우 하~ 하~."

처음에는 다소 시끄럽고 산만했다. 여러 부류의 사람이 섞여 이동하고 있어서 질서가 없었다. 여사제의 선창과 무리의 후창이 오가면서 분위기는 서서히 하나로 모아졌다. 여사제는 노랫가락을 상황에 따라 달리 했다. 노래의 세기도 몸놀림도 함께 달라졌다.

한동안 쉽고 단순한 노래와 가벼운 몸놀림이 이어졌다. 본격적인 행사에 앞서서 사람을 끌어 모으는 시간인 듯했다. 원을 이룬 사람들은 노랫가락에 취해 몸을 자유자재로 흔들며 리듬을 탔다. 경직되고 지쳐 있는 몸을 풀어 줬다. 원을 돌던 사람들은 이따금 주위 구경꾼을 초청했다. 용기가 없어 바라만 보는 이들의 손을 잡고 나오게 했다. 몇몇은 합류했다.

참가자와 구경꾼이 어느 정도 결정되자 움직임이 달라졌다. 노랫가락은 더 크고 웅장해졌다. 그들은 손에 손을 잡으며 하나의 커다란 원을 만들었다. 모두 제자리에 서서 눈을 감고 선창을 따라했다. 남녀노소의 차이는 문제 되지 않았다. 갑자기 노래와 움직임이 빨라졌다. 왼쪽과 오른쪽으로 번갈아 원을 돌았다. 나무를 향해 손을 들어 올리며 다가서기도 하고, 손을 내리 뻗으며 멀어지기도 했다. 사람들의 호흡소리가 거칠어졌다. 하지만 묘하게도 그들의 몸놀림은 자유로웠고, 노랫가락은 신비로웠다.

분위기가 무르익을수록 사람들은 지쳐 갔다. 심한 갈증도 느꼈다. 그렇게 노래를 부르고, 뛰었으니 당연하다 싶었다. 이 순간을 놓칠세라 여성들은 음식과 음료수를 원 안으로 내놓았다. 절묘한 타이밍이었다. 떡과 빵은 물론이고 큼지막한 고기가 통째로 등장했다. 그 옆으로 큰 항아리가 나란히 놓였다. 진한 포도향이 순식간에 퍼졌다. 포도주였다.

여사제가 주문을 외우고 노래를 불렀다. 살아 있는 그 무엇을 경배하듯 조심스러웠다. 그녀는 바가지를 들고 포도주 항아리에 다가

갔다. 포도주를 담아 눈까지 끌어올리더니 음식 위에 쫙 뿌렸다. 사람을 향해서도 뿌려댔다. 검붉은 포도주가 뿌려지자 사람들은 열광하고 환호했다. 피하지 않고 소리치며 받아 마셨다. 비 오는 날 신 나게 놀고 있는 어린이 같았다.

사람들은 닥치는 대로 먹고 마셔 댔다. 구경꾼도 거리낌 없이 동참했다. 아르키포스 일행은 망설였다. 음식을 먹는다고 뭐라 하는 사람은 없었다. 그들 스스로가 문제 삼았다. 너무 속보이는 짓 같아 부끄럽고 창피했다. 야만스런 의식에 쓰인 불결한 음식에 손을 댈 수는 없었다. 정결하게 살겠노라고 서약해 놓고 부정한 음식을 탐할 수는 없었다.

갈등과 고민의 순간을 끊은 것은 가르니논이었다. 그는 음식과 포도주를 좀 먹자고 제안했다. 다른 이들은 긍정도 부정도 하지 않았다. 그 의미를 가르니논은 알았다. 먹고 싶지만, 먹기에는 부담스러운 음식이었던 거다. 갈등하는 동료들에게 가르니논은 말했다.

"음식은 음식일 뿐이에요. 이 음식을 먹는다고 해서 우리가 저 의식에 참여하는 건 아니라고요."

"……"

"걱정 마세요. 우선 살고 봐야죠. 스승께서도 충분히 이해하실 거예요."

가르니논은 일행을 앞으로 이끌었다. 동료들의 몸은 굳어 있었다. 멈칫했으나 저항이 아닌 주저함이었다. 음식을 가져와 나눠 주며 먹을 것을 권했으나 아무도 손을 대지 않았다.

그 순간 아르키포스가 빵을 덥석 집더니 먹기 시작했다. 동료들의 눈이 휘둥그레졌다. 아르키포스는 신경 쓰지 않고 계속 먹었다. 자기가 먹지 않으면 나머지 동료 모두 먹지 않을 거라는 걸 알고서 의도적으로 하는 행동이었다. 그걸 눈치챈 히테아노도 몇 번의 망설임 끝에 용기를 내서 먹었다. 이렇게 되자 카리프톤과 리시스도 동참했다. 처음에는 조금 입에 대는 정도였다가 나중에는 맘껏 먹었다. 먹을수록 그들의 표정은 점점 밝아졌다. 아르키포스는 스승에게 속으로 말했다.

'스승님, 제 마음 아시지요? 이 정도는 이해해 주실 거죠?'

진탕 먹고 있는 무리 사이로 새로운 노래가 흘렀다. 사람들은 음식이나 술을 손에 들고 여사제 주위로 모여들었다. 분위기는 아주 화기애애했다. 사람들은 또 다른 볼거리를 기대하는 표정이었다. 사람들의 모습은 가관이었다. 머리는 헝클어지고, 옷은 풀어헤쳤으며, 여기저기에 포도주 자국이 선명했다. 하지만 아무도 아랑곳하지 않았다.

"여러분, 사람에게는 영혼이 있습니다. 그 영혼은 신의 세계로부터 온 것입니다. 그 영혼은 결코 죽지 않고 영원하답니다. 죽고 나면 모든 게 다 끝이라고 생각하십니까? 천만에요 그렇지 않습니다."

여사제는 영혼을 언급하며 이야기를 시작했다. 영혼이라는 말에 아르키포스 일행은 깜짝 놀랐다.

"어, 영혼이 있다는 걸 저 여자가 알고 있네. 저건 스승의 말씀인데, 혹 학파와 관계된 무리인가?"

카리프톤은 놀라 어안이 벙벙했다. 다음 말이 궁금하고 기다려졌다.

"우리 안에 그 영혼이 있습니다. 우린 그것도 모르고 육체로만 산 것입니다. 조금 전 여러분이 아이처럼 순수하게 놀던 모습은 영혼의 흔적입니다. 우리는 그 영혼을 통해 신과 하나 될 수 있습니다. 신과 하나만 되면 세상이 훤히 보여 통달하게 되고, 생로병사의 고통이 사라져 버립니다. 모든 사람, 모든 존재가 하나임을 알게 됩니다."

사람들이 술렁댔다. 영혼이란 게 뭐냐고, 그런 게 어디 있냐고, 있으면 보여 달라며 구시렁댔다. 이런 분위기를 예상한 듯 여사제는 말을 이어 갔다.

"우리와 함께 하시면 저의 모든 말을 확인하실 수 있습니다. 누구든지 환영합니다. 단 조건이 있습니다."

조건이란 말에 모두 조용히 귀를 기울였다.

"영혼의 세계는 육신의 세계와 다릅니다. 돈과 명예가 많다고 들어갈 수 있는 게 아닙니다. 육신의 것은 오히려 방해됩니다. 그런 것들은 최대한 내려놔야 합니다. 자, 여러분 실오라기 하나까지 벗어 던지세요. 육신의 것은 모두 태워 버리세요. 그리고 한바탕 놀아 보는 겁니다."

이렇게 말하고 여사제는 옷을 훌훌 벗어 던졌다. 그녀의 말처럼 실오라기 하나도 걸치지 않았다. 그녀의 몸이 달빛을 받아 은은하게 드러났다. 그녀는 부끄러워하지 않고 당당히 의식을 인도했다. 그녀를 추종하던 사람들도 환호하며 잇따라 옷을 벗었다. 북소리는 더욱 짧고 강해졌다. 무리의 움직임을 부추기며 자극했다.

여성의 벗은 몸을 접한 아르키포스 일행은 당황했다. 예기치 못한 일이 순식간에 벌어지는 바람에 그들은 전라의 몸을 코앞에서 마주했다. 무리는 한데 모였고, 여사제는 그들에게 뭐라고 중얼거리더니 포도주를 또 뿌렸다. 구경꾼들은 망측하다면서도 자리를 뜨지 않았다.

여사제는 흥얼거리며 다시 주위를 돌아다녔다. 사람들의 시선도 그녀를 따라 돌아다녔다. 어느 순간 여사제는 일행 앞에 와 있었다. 벗은 몸을 바라보기가 부끄러워 리시스는 고개를 돌렸다.

여사제가 카리프톤 앞에서 멈춰 섰다. 카리프톤은 넋이 나갈 정도로 몰입해 있었다. 부끄러워하지도 않았다. 그녀는 카리프톤과 눈을 마주치더니 손을 잡고 끌어당겼다. 뭐에 홀린 듯 카리프톤은 그녀 앞으로 한 걸음을 내딛었다. 옆에 있던 아르키포스가 카리프톤의 다른 손을 잡아당기며 그의 이름을 두 번이나 힘 있게 불렀다. 그 소리에 카리프톤은 정신을 차렸고, 여사제의 손을 뿌리쳤다. 여사제는 포기하고 추종자들이 있는 곳으로 되돌아갔다.

"이건 뭐 하자는 거요? 옷 벗고 올림픽 경기라도 할 셈이요?"

구경꾼 중 한 사람이 여사제를 향해 큰 소리로 시비를 걸었다. 조롱과 야유가 진하게 섞여 있었다. 싸움이라도 할 법한 저돌적이고 날선 말이었다. 수수방관하고 있던 구경꾼들은 곧 싸움판이 벌어지리란 걸 직감하고 그 사람 주위로 모여들었다.

"영혼을 통해 신을 만나야 한다는 건 맞는 말씀이오. 하지만 방법이 잘못된 거 같구료. 이렇게 음탕하고 자극적인 방법은 오히려 영혼을 병들게 할 뿐이오. 음식과 술 같은 자극으로는 영혼의 세계에 다다를 수 없단 말이오. 당신들과는 반대로 절제된 생활을 통해 육체적인 욕구를 다스리는 길만이 영혼의 세계를 볼 수 있는 유일한 방법이오. 순진한 사람들 타락시키지 말아요."

여사제는 발끈했다. 음탕하고 무지한 집단이란 소리를 들었으니 당연했다. 여사제는 조급하고 분명하게 그 남자를 향해서 외쳤다.

"음란한 집단! 우리보고 음란하다? 뭘 안다고 함부로 지껄이는 게야! 넌 누구냐?"

"난 오르페우스 종파의 신도다. 전도 여행을 다니는 중이다. 보아하니 너희는 포도주의 신 디오니소스를 숭배하는 종파 같구나. 알려면 제대로 알아야지. 포도주나 마시고 얌전히 돌아가서."

"네가 우리에 대해 뭘 안다고……. 우리를 능멸하다니 참을 수 없다."

여사제는 돌을 집어 들고 그 남자를 향해 던졌다. 추종하던 무리도 돌멩이와 막대기를 마구 집어던졌다. 구경꾼에게도 돌이 날아갔다. 그 남자도, 구경꾼도 달아나며 산산이 흩어졌다. 아르키포스 일행도 달아났다.

아르키포스는 또 다시 무리를 인솔해 폭력의 현장에서 빠져나왔다. 툭 하면 폭력을 일삼는 게 이해가 안 되었다. 학파에서 폭력은 거의 일어나지 않았다. 세상이 이상한 것인지 학파가 이상한 것인지 헷갈렸다. 하루만에 폭력과 피신이 반복됐다. 그래도 이번은 피해자도 가해자도 아니었다. 또 하나의 차이가 있었다. 가장 신경 써야 할 동료가 누구냐 하는 거였다. 어제는 멜리사였다. 그러나 이번은 그녀가 아니었다. 리시스였다.

리시스는 술에 취해 있었다. 포도주를 많이 마신 탓인지, 술에 약한 탓인지 알 수 없었다. 배고픈 상태에서 급하게 마셔서 그랬으리라. 얼른 자리를 피하자는 말에 리시스는 다른 일행을 따랐다. 하지만 몸을 제대로 가누지 못했다. 발걸음은 꼬였고, 움직임은 둔했으며, 똑바로 나아가지를 못했다. 양쪽에서 부축하여 함께 이동해야 했다.

숲을 빠져나와 길가에 도착했다. 어디로 갈지를 또 결정해야 했다. 길을 따라 마을로 가는 방법도 있고, 길을 벗어나 다른 숲으로 가는 방법도 있었다. 아르키포스는 망설였다. 그걸 눈치챈 가르니논이 얼른 제안했다.

"길 따라 마을로 가요. 하룻밤 묵을 곳 정도는 찾을 수 있겠죠."

"헌데 우린 가진 게 아무것도 없소. 몰골도 처참하고. 누가 우리 같은 사람을 받아 주려고 하겠소?"

"그래도 지레 포기하지 말고 신께서 우리를 위해 준비해 두신 곳이 있는지 찾아봐야지요."

"이건 포기가 아니오. 마을이 안전한지도 아직 모르잖아요."

가르니논은 아르키포스의 속마음을 가늠해 봤다. 그의 말대로 마을이 안전한지의 여부를 모른다. 하지만 그는 세상으로 들어가는 것을 주저하고 있었다. 가르니논은 더 이상 말이 필요 없음을 깨닫고 아르키포스를 따르기로 했다. 아르키포스는 마을을 등지고 되돌아서며 숲에서 머물만한 곳을 찾아보자고 했다. 그때 리시스가 마을 쪽을 바라보며 혀 꼬인 소리로 말했다.

"아니…… 우리가 왜, 왜…… 숲으로 갑니까? 우리가 뭐 짐승입니까? 난 안 갑니다. 안 간다 이 말입니다. 난 마을로 갈 겁니다. 예?"

일행은 깜짝 놀랐다. 침묵 수행 중인 그가 갑자기 취해서 말을 내뱉었기 때문이다. 그것도 아르키포스의 결정에 거스르는 말을! 리시스는 말을 뱉자마자 마을로 발걸음을 옮겼다. 하지만 그는 몇 걸음도 못 가서 픽 하고 쓰러지고 말았다. 발이 꼬여 넘어진 것이다. 침묵 수행도 그처럼 넘어지고 말았다. 일행은 그를 일으켜 숲으로 향했다. 리시스 때문에라도 마을로 가는 것은 포기해야 했다.

3

거꾸로 걸린 테트라크티스

'안 되겠다. 이렇게 떠돌다가는 골병들어 죽겠는데. 머물 곳을 꼭 찾아야만 해.'

며칠 밤을 숲에서 보낸 후 아르키포스는 이렇게 맘먹었다. 어느 누구도 잠을 제대로 못잤다. 술 취했던 날은 잘 자던 리시스도 다음 날부터는 고생을 이만저만한 게 아니었다.

숲에서의 노숙은 고역이었다. 그들에게 숲을 당해 낼 재간은 없었다. 숲은 그야말로 야생의 삶이었다. 하지만 그들의 몸은 문명, 그것도 고매한 문명에 길들여져 있었다. 궁합이 맞지 않았다. 좋아질 것 같던 멜리사가 다시 힘들어했다. 잠자리가 편치 않은데 심신이 회복될 리가 없었다. 막연히 기다리고 있다가는 상황이 더 악화될 게 뻔했다. 그는 동료들이 살길을 찾기로 모질게 맘먹었다.

아르키포스는 서서히 현실을 받아들였다. 학파로부터의 도움도 서서히 포기했다. 여행 중인 북부 지역에는 학파를 아는 이도 거의 없었다. 머물 만한 곳을 찾는 건 기대하기 어려웠다. 도전적이고 적극적으로 바뀌어야 했다.

그들의 행색에는 뭔가 다른 면모가 있었다. 보통 사람과 다른 뭔가가 있었다. 그들도 그걸 알게 되었다. 그들은 그걸 특출한 면모라고 여겼다. 하지만 다른 사람들은 그렇게 생각하지 않았다. 뭔가 이상한 느낌, 어울리기 힘든 느낌일 뿐이었다.

아르키포스는 변화에 민첩하게 적응했다. 그런 경험이 있어서였다. 아테네 출신인 그가 크로톤으로 온 것은 학파에 입문하기 위해서였다. 본토 출신인 그는 크로톤에서 이질감을 느꼈다. 그가 학파에 처음 왔을 때는 본토인이라는 자부심을 갖고 있었다. 하지만 학파에서 그런 것은 전혀 중요하지 않았다. 학파에서는 학파의 방식이 중요할 뿐이었다. 자부심은 서서히 무너졌다. 자신이 단지 다른 사람이란 걸 인정하면서 학파에 적응했다.

크로톤을 떠난 지 나흘째다. 그들은 여전히 숲을 헤매고 있었고 상황은 전혀 나아지지 않았다. 아르키포스는 점점 무력감을 느끼며 조급해졌다. 당대 최고 현자인 피타고라스를 만난 후 쭉 낙관적인 태도를 유지했다. 피신하기로 결정했을 때도 막연하게나마 그랬다. 하지만 현실은 점점 미궁으로 빠져들었다. 그들은 현실이라는 철창 안에 갇히고 있었다. 신이나 영혼과의 합일을 꿈꾸던 신의 아들이 아니라 힘들고 답답한 삶을 살아가는 사람의 아들에 불과했다.

"아르키포스, 물어볼 게 있어요. 우리는 왜 공격당한 거죠?"

숲에서 쉬는 틈을 타 리시스가 갑자기 물었다. 포도주 사건 이후 그는 침묵 수행을 접었다. 처음엔 후회하면서 창피해했다. 인생이 끝나 버릴 만큼 커다란 오류를 범했다고 자책했다. 동료들은 위로했다. 괜찮다고, 지금은 비상 상황이기에 학파의 계율을 깨뜨린 게 아니라고. 리시스는 차츰 좋아졌다. 알고 보니 그는 말이 무척 많았다. 그동안 쌓아 둔 말을 한꺼번에 쏟아 내는 것 같았다.

"아무리 생각해 봐도 그 사태를 이해할 수 없어요. 그럴 만한 이유가 없잖아요."

리시스는 스스로 묻고 답변했다. 누구도 대답하지 않았기 때문이다. 리시스의 질문은 모두의 질문이기도 했다. 모두의 침묵 또한 리시스의 침묵이었다. 그의 질문은 이어졌다.

"엊그제 만난 사람들 있잖아요. 영혼 운운하면서 요상한 의식을 치르던 사람들. 신기하잖아요? 영혼에 대한 스승의 가르침과 똑같았어요. 어떻게 그런 사실을 알 수 있죠?"

"저도 매우 신기했어요. 그런 이야기를 스승 말고는 그 누구에게서도 들어 본 적이 없거든요."

히테아노가 리시스의 질문에 장단을 맞추며 이야기를 이어 갔다. 흥이 난 리시스는 더 물었다.

"더 기막힌 것은 오르페우스 종파였어요. 그들의 주장은 스승의 가르침과 더욱 비슷했어요. 디오니소스 종파는 음탕했어요. 춤을 추지 않나, 옷을 벗어 던지지 않나. 포도주와 음식을 맘껏 먹지 않나. 뭐 덕분에 굶주린 배를 채울 수는 있었지만.”

“맞아요, 맞아. 그런 행위는 영혼을 더럽히는 불결한 거죠. 오르페우스 종파 사람들은 그걸 알고 있었죠.”

히테아노는 그때를 상기하면서 묘한 표정을 지었다. 같은 여성으로서 일종의 수치심을 느꼈던 순간이었다. 남자 동료들 앞에서 그녀는 몸 둘 바를 몰랐다. 나머지 동료들은 말을 하지 않은 채 그 대화를 듣고만 있었다.

가장 고민스러운 이는 카리프톤이었다. 그런 말도 안 되는 의식에 그는 푹 빠져 버렸다. 동료가 붙잡지 않았다면 그는 그 음란한 의식에 동참했을 것이다. 의외의 반응이었다.

‘내가 왜 그랬지?’

아무리 생각해도 이해할 수 없었다. 이번 피신 과정에서 카리프톤은 자신도 몰랐던 자신의 다양한 모습을 보게 된 게 당혹스러웠다. 자신이 누구인지 헷갈렸다.

“디오니소스 종파와 우리 학파 사이에 유사한 점은 또 있어요. 여성에 대한 처우예요. 의식을 주도하고 이끌었던 사람 대부분이 여자였어요. 다른 집단에서는 그렇지 않아요. 종교나 정치나 철저히 남자 중심이죠.

스승께서는 여성에 대한 금기를 깨뜨렸어요. 수련을 통해서 자기를 정화하고 단련해 간다면 남자와 여자에 구분이 있을 수 없다 하셨죠."

학파에서는 원칙적으로 남녀 간에 차별을 두지 않았다. 사람의 가치는 영혼을 통해서 결정되는 것이지, 신체 조건과 차이에 있지 않았다. 지식과 지혜의 수준만 높인다면 여성도 뭐든 할 수 있었다. 히테아노는 학파의 그런 점을 굉장히 높게 평가했다. 학파가 아니고서는 불가능한 일이었다.

하지만 실상은 조금 달랐다. 스승은 여성을 차별하지 않았으나 여성이 나약한 존재임을 인정했다. 사람은 몸보다 정신이 강해야 했다. 이성적으로 사고하는 정신 작용이 매우 중요했다. 하지만 여성은 이성보다는 감성에, 정신보다는 몸에 민감하여 사랑을 갈구한다. 그만큼 수련 목표에 가까이 가기에는 많은 어려움이 있다. 여성은 그걸 알고 계율을 철저히 지켜야 하며, 남성은 여성을 가급적 멀리 해야 한다. 스승은 그렇게 가르쳤다. 그래서 학파는 모든 활동을 남녀를 구분해서 했다. 차별 때문이 아니라 자연의 섭리에 의해서, 여성보다는 남성 중심으로 학파는 돌아가고 있었다.

모든 게 의문투성이였다. 어느 것 하나 속 시원하게 밝혀낼 수 없었다. 아르키포스는 동료들의 질문에 묵묵부답하는 자신이 짜증스러웠다.

'어쩌다 이렇게 됐지.'

학파에서 그는 늘 주목받는 인물이었다. 수제자로서 스승의 말씀을 많이 알고 있었고, 때로는 스승을 대신하기도 했다. 학파에서는 어떤 신분의 제자이냐에 따라서 접근할 수 있는 정보 수준이 달라졌다. 외부 청강생은 스승을 직접 대면하기 어려웠기에 여러 궁금증을 제자를 통해서 풀어야 했다. 그들에게 스승은 거의 신적인 존재였다. 스승이 아폴론의 아들이라거나, 동물로 다시 태어난 사람과 대화했다거나, 스승이 동시에 여러 군데 나타났다거나 하는 이야기가 나돌았다.

최고 수제자 그룹에 속한 아르키포스는 어딜 가나 환영받았다. 스승이 계시지 않는 곳에서 사람들은 늘 그를 주목했고, 그의 말에 귀 기울였다. 앉는 자리도 달랐고, 대접도 달랐다. 스승에 대한 궁금증을 언제나 속 시원히 풀어 줬기 때문이다. 하지만 지금은 전혀 그렇지 않았다. 그와 다른 제자들 사이에 실질적으로 별다른 구분이 없었다. 고민하며 헤매는 똑같은 사람일 뿐이었다. 며칠 사이에 세상은 이렇듯 달라져 있었다.

여관이 또 나타났다. 이미 두어 군데 가 봤으나 모두 퇴짜를 맞았다. 수상한 행색을 반기지도 않았을 뿐더러 돈이 없다는 게 결정적이었다. 나중에 갚겠다고 약속했지만 요즘 세상에 그 말을 어떻게 믿느냐는 핀잔만 들어야 했다. 그냥 지나칠 수는 없어 별다른 기대 없이 여관으로 다가갔다.

　여관 입구에서 일행은 깜짝 놀랐다. 너무도 익숙한 모양이 새겨진 나무판 하나가 걸려 있었다. 거꾸로 걸린 테트라크티스였다.

　테트라크티스는 열 개의 점이다. 맨 위에 하나의 점, 그 밑에는 두 개, 그 밑에는 세 개, 그 밑에는 네 개가 있었다. 모두 합해 10이다. 이건 학파를 상징하는 대표 문양이다. 그 안에는 이 세상의 오묘한 진리가 다 담겨 있다. 세상이라는 문을 여는 열쇠 같은 거였다.

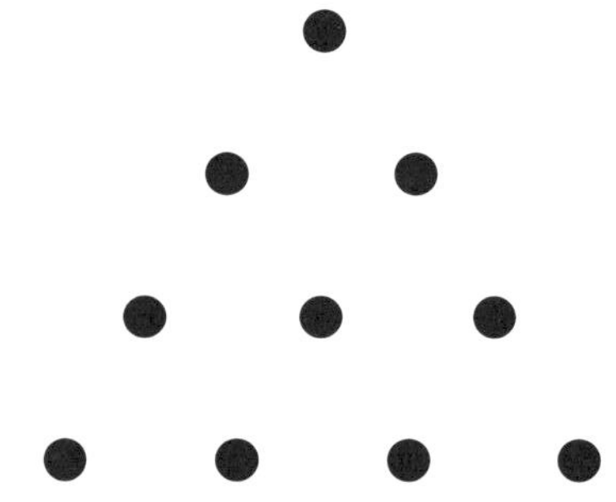

　점 하나는 모든 것의 시작이다. 점은 위치만 있을 뿐 크기도 모양도 없다. 유형이나 실상은 무형의 존재. 보이는 것이지만 보이지 않는 것을 대변한다. 그건 하늘의 이치를 뜻한다. 그런 점 둘이 모이면 직선이 된다. 형태를 갖는 모든 존재의 경계다. 점 셋이 모이면 면이 만들어진다. 바탕이요 표면이다. 점 넷에 이르면 입체를 가진 완전한 존재가 된다. 그러니 테트라크티스는 하늘의 이치가 땅에 구체화되는

과정을 상징적으로 보여 준다. 하늘과 땅을 아우르는 진리를 담고 있다.[1]

테트라크티스에는 1, 2, 3 4 네 개의 수가 있지만 서로 더하면 10(1+2+3+4)까지의 자연수를 모두 만들어 낼 수 있다. 11부터의 수는 1부터 10까지의 수가 10씩 커지면서 반복된다. 고로 1부터 10까지의 수만으로도 모든 수에 대한 이야기가 가능해진다.

1은 누구나가 직관적으로 생각하듯 출발이요 기원이다. 모든 것은 하나에서 시작된다. 테트라크티스 역시 마찬가지다. 그래서 1은 궁극의 진리이고 신이다. 이 1은 모든 것이 구분되지 않고 조화를 이뤄 온전히 하나를 이룬 상태다. 그래서 혼돈처럼 보일 수 있다. 수많은 신화에서 우주의 출발을 혼돈으로 묘사하는 이유다.

2는 그 하나에서 갈라져 나온 둘이다. 대립이 있을 때 갈라지듯 2는 대립과 갈등을 뜻한다. 남과 여, 낮과 밤, 남과 북, 음과 양 이런 개념이 2의 의미와 원리를 그대로 반영한다. 이런 식으로 수를 통해서 만물의 이치를 밝혀 간다.

점진적이고 규칙적인 확장은 9에서 절정을 이룬다. 그 다음은 10. 1의 새로운 변신이다. 그래서 9는 한 단계의 최고이자 마지막이다. 극한의 지점이다. 고양이는 목숨이 아홉 개라고 한다. 교활할 만큼 교활해졌다는 거다. 고양이가 9년을 살면 마녀가 된다 하고, 대지의 여신이자 수확의 여신인 데메테르가 종종 아홉 개의 밀알로 묘사되고,

트로이가 9년 동안 포위되고, 오디세우스가 9년을 방랑하고 집에 돌아오는 것도 다 이런 이유에서이다. 열 개의 수가 갖는 비밀과 원리를 알아내면 삼라만상을 꿰뚫어 볼 수 있다.

테트라크티스 점을 모두 더한 수 10은 신성한 수로 여긴다. 신성한 우주[2]는 신성한 수 10을 따라 열 개의 천체가 존재한다. 중심에는 중심불이 있는데, 그 주위를 열 개의 천체가 원형으로 회전한다. 대지구, 지구, 달, 태양, 수성, 금성, 화성, 목성, 토성. 가장 바깥에는 항성구가 자리 잡고 있다. 사람들이 생각하는 것처럼 지구가 우주의 중심이고, 태양이 지구를 도는 게 아니다.

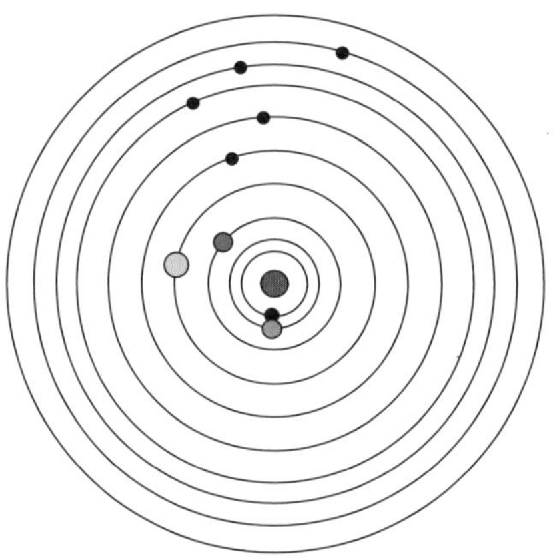

지동설과 같은 혁신적인 주장에도 테트라크티스가 관련되어 있었다. 스승은 늘 이걸 신성시하며 연구하라고 하셨다. 그 테트라크티스를 여관에서 봤으니 반가울 수밖에 없었다.

여관 앞으로 바짝 다가섰다. 거꾸로 걸린 테트라크티스였다. 의도적으로 이렇게 했다면 그건 학파를 조롱하는 것이므로 이 여관에 들어가서는 안 됐다. 일행은 망설였다. 그러다 아르키포스가 말도 않고 문을 열고 안으로 들어갔다. 일행도 그를 따라 안으로 들어섰다.

“안녕하십니까? 묵을 방이 있나 해서 왔습니다.”

평범한 손님처럼 아르키포스가 물었다. 주인으로 보이는 중년의 여자가 마당에 있는 탁자와 의자를 걸레로 닦고 있었다. 그녀는 걸레질을 잠시 멈추고 일행 쪽으로 몸을 돌렸다.

“어서 오세요. 방 있습니다. 몇 분이나 되십니까?”

“모두 여섯 명입니다. 일행입니다. 남자가 넷, 여자가 둘.”

“여섯이요? 방을 몇 개나 드릴까요?”

여관 여주인은 반갑게 맞이했다. 여주인은 일행이라는 걸 문제 삼지 않았다. 묵는 게 가능하다는 걸 확인한 아르키포스는 일단 안심했다. 학파 사람이라는 걸 밝히지 않고 그냥 묵는 방법도 고려했다. 남은 건 돈 문제였다. 이 문제를 푸는 관건은 여관 입구에 걸려 있던 문양에 있었다. 그걸 내건 이유를 알아야 했다.

“여관 문에 걸려 있는 그 요상한 모양은 뭡니까? 무슨 의미라도 있는 건가요?”

“아 그거 말인가요? 그게 뭔지 아는 분은 우리 집에 특별한 손님이랍니다. 이곳은 그런 분들을 위한 특별한 여관이지요."

"특별하다는 게 뭔가요? 혹 위험인물을 뜻하는 건가요?"

"참 세상 속고만 사셨소? 왜 그렇게 비관적이고 삐딱하게 보는 거죠? 그분들은 말씀을 정말 소중히 여기는 분들이에요. 세상 사람과는 다르죠. 그분들이 다시 오신다면 환대하겠다는 뜻입니다."

"무슨 일이 있었기에 환대한다는 거요? 참 궁금하네."

"그게 그렇게 궁금해요? 내 이야기를 해 드리리다. 거기 서 있지 말고 이쪽으로 와서 앉으세요."

여주인은 자리를 만들어 주며 앉게 해 줬다.

"몇 해 전 어떤 남자 손님 한 분이 머물렀죠. 홀로 도보 여행을 하다가 투숙했어요. 그런데 이분이 도중에 병에 걸렸어요. 여행 중 피로가 쌓여서 그런 것 같았어요. 병이 쉬 낫지 않아 투숙 기간은 길어졌죠. 그분은 가진 돈을 다 써 버렸지만 저는 그분을 내칠 수가 없었어요. 아픈 사람을 쫓아낸다는 건 말도 안 되는 일이죠."

"돈도 없는 분을 계속 머물게 해 주셨다는 거네요. 보통 분이 아니시네."

"하하 무슨 말씀이래. 다른 사람도 그랬을 겁니다."

"그래서 그 손님은 어떻게 됐나요? 병이 다 나은 후 나중에 방값을 갚아 준 거로군요?

"아닙니다. 그분은 결국 죽고 말았어요. 헌데 죽기 전에 그분은 무슨 생각에서인지 문에 걸려 있는 그 나무판을 만드셨어요. 제게 주면서 이걸 문 앞에 걸어 놓고 그걸 알아보는 사람이 있거든 그분에게 자초지종을 말하라는 거예요. 그러면 밀린 방값을 다 갚아 줄 거라고 하시더군요.”

“쯧쯧. 그래서 걸어 놓으신 거예요? 저렇게?”

“아니에요. 그분이 돌아가신 후, 저는 마지막 유언이니 그렇게 해야겠다는 마음으로 그걸 걸어 놨죠. 돈을 기대하진 않았어요. 일반 손님은 그 문양이 특이하다며 좋아했지만 그걸 알아채지는 못했어요. 말을 듣고 보니 문양이 좋아 보이너군요. 그래서 우리 여관을 상징하는 문양으로 사용할 심산으로 그냥 걸어 놨어요.

몇 해가 지났을까. 그 일을 다 잊었을 무렵 한 손님이 그 문양을 알아보더군요. 그래서 돌아가신 분 이야기를 해 드렸죠. 그랬더니 그 손님이 자기 동료를 잘 대해 줘서 고맙다며 방값을 대신 내 주셨어요. 아주 후하게 말이죠. 그 손님은 그 문양이 상징하는 모임을 간단히 소개하면서 그 모임은 신의와 우정을 최고의 덕목으로 친다 하셨어요. 목숨을 걸고라도 우정을 지킨다고 하더라고요.”

일행은 모두 감동을 받았다. 멜리사는 눈물을 흘리며 훌쩍거렸다. 병자로서 공감하는 바가 많아서였다. 주인이 왜 우느냐며 물었다. 아르키포스는 자기네가 바로 그 모임의 동료라고 밝혔다.

“그럼 그 문양을 뭐라고 하는지 내 귀에다 대고 말해 보시구려.”

"저건 테트라크티스예요. 그런데 거꾸로 걸려 있네요."

아르키포스는 여주인의 귀에 대고 속삭였다. 그녀는 박수를 치며 반가워했다. 거꾸로 걸어 놓은 것은 정확히 아는가를 보려고 일부러 그렇게 한 거였다. 그녀는 머물 방을 내주었다.

거꾸로 걸린 테트라크티스. 아르키포스는 그걸 처음 봤다. 그런 생각을 해 보지도 않았다. 그런데 그 문양도 어색하지 않았다. 오히려 색다른 맛과 멋을 풍겼다. 그걸 생각하며 그는 웃었다. 거꾸로 보더라도 세상을 다르게, 그러면서도 멋스럽게 볼 수 있다는 걸까?

여관 주인의 이름은 티미카였다. 일행은 그녀를 동료처럼 대우했다. 티미카의 여관은 아늑하고 편안했다. 그들은 그녀가 준 옷으로 갈아입고, 스르르 곤한 잠으로 빠져들었다.

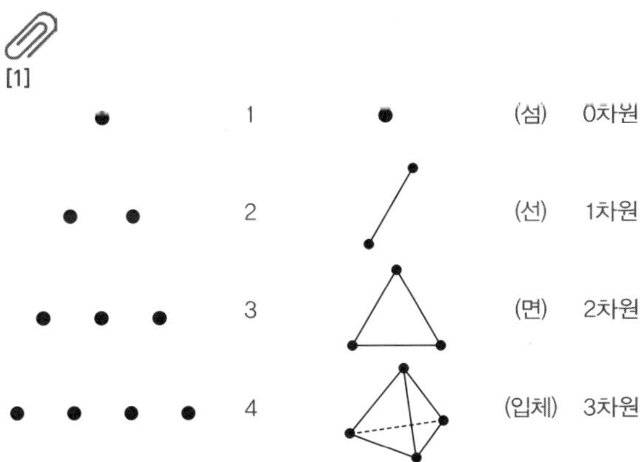

[2] 피타고라스학파의 우주

그들이 상상한 우주는 구형이다. 중심에는 중심불이 있고, 그 주위를 10개의 천체가 원형으로 회전한다. 중심불로부터 가까이에 대지구, 지구, 달, 태양이 있다. 그 바깥에 수성, 금성, 화성, 목성, 토성이 그리고 맨 바깥에 항성구가 있다. 우리가 대지구와 중심불을 못 보는 이유는, 사람들이 그것을 볼 수 없는 지표면에 살고 있기 때문이라고 했다. 천왕성과 해왕성은 19세기를 전후로 발견됐기 때문에 이때에는 알려지지 않았다.

태양 중심은 아니지만 피타고라스학파는 지구가 움직인다는 지동설을 주장했다. 이 우주론은 플라톤 철학을 거치면서 지구 중심의 천동설로 바뀐다. 하지만 원형 궤도의 우주 모형은 그대로 유지된다. 천동설은 프톨레마이오스를 거치며 정립되어 근대 이전까지 확고한 우주론으로 자리 잡았다. 피타고라스학파의 지동설은 근대에 들어 코페르니쿠스를 통해서 부활한다.

문제를 거꾸로 생각하다

4

저절로 눈이 떠졌다. 주위는 조용했다. 여기가 어디지? 며칠 전의 폭동 장면이 스멀스멀 스치고 지나갔다. 여관이란 사실을 떠올리며 한숨을 내쉬었다 아르키포스의 몸은 정확했다. 20여 년 동안 수련으로 단련된 그의 몸은 기계처럼 정확했고 자동적이었다. 아침 일찍 일어나 명상하며 하루를 준비하던 습관에 따라 저절로 눈을 떴다.

방을 빠져나와 여관을 돌아봤다. 여관은 오래된 흔적이 역력한 2층 건물이었다. 가운데 있는 마당이 여관의 모든 곳과 사람을 연결해 주었다. 마당을 마주 보고 있는 안쪽 방이 식당이었다. 술과 함께 음식도 파는 것 같았다. 마당은 곧바로 여관 입구와 연결되어 있었다. 마당에는 올리브 나무 몇 그루가 심겨 있었다. 무슨 신인지 알아보기 힘든 조각상도 옆에 자리 잡고 있었다. 아르키포스는 당분간 마당에서 조금 떨어져 있으면서도, 그곳의 동태를 파악할 수 있는 2층에 머무는 게 좋겠다고 생각했다.

여관을 빠져나왔다. 옹기종기 모여 있는 농가 몇 채가 보였다. 올리브 나무와 포도나무 밭이 아침 햇빛을 받으며 깨어나고 있었다. 흔한 시골 풍경이었다. 별다른 근심 없이 일상을 감상할 수 있다는 것에 새삼 감사했다. 여관 주위에 큰 산은 없었다. 야트막한 산과 나무가 제법 울창한 숲이 마을을 감싸고 있었다. 내친 김에 그곳까지 갔다 와 보자고 맘먹었다. 시간이 충분할 것 같았다. 앞으로의 여정도 생각할 겸 혼자만의 시간이 필요했다.

몇 년처럼 느낄 만큼 길었던 며칠이었다. 수제자인 아르키포스를 제외하고는 밀린 잠을 한꺼번에 자느라 모두 느지막이 일어났다. 노숙하느라 피로가 쌓여 봄이 천근만근이었다. 티미카는 일행이 충분히 자도록 배려해 아침 식사를 하라고 깨우지도 않았다. 하나둘 일어나며 다 깬 걸 알고 아침 식사를 따로 차려 주었다. 참으로 맛있고 따뜻했다. 기분이 좋아져 살 만했다. 음식이 단지 배만 채우는 게 아니라, 기운을 돋우며 영혼을 고양시킨다는 걸 실감했다.

식사 후 아르키포스와 가르니논은 티미카와 따로 이야기를 나눴다. 다시 한 번 감사의 말을 전했다. 가르니논은 평민 출신답게 그녀와 잘 통했다. 그녀를 누님이라고 부르며 넉살 좋게 대화의 물꼬를 텄다. 그녀는 그 말에 반색했다. 일행 모두 깍듯이 존대하며 동료이자 윗사람으로 대하자 무척 좋아했다.

가르니논은 그녀에게 자기 자신을 소개하고, 피타고라스학파에 대해 상세하게 설명했다. 어떤 이들이 모이고, 어떤 활동을 하는지,

특히 학파와 관련된 유명 인사의 이름을 조목조목 나열했다. 학파의 규모와 영향력을 소개하자 자부심이 느껴졌다. 그게 현실이고, 그들은 잠시 꿈꾸고 있는 것 같았다. 그는 만약을 대비해서 자신의 주소와 인적 사항을 알려 줬다.

일행은 늦은 아침을 먹고 산책을 나갔다. 발길 닿는 대로 여관 주위를 거닐었다. 여관에서 편히 자고 쉬어서인지 모두의 표정이 밝았다. 햇살은 따스했고, 바람은 살랑살랑 불어왔다. 하룻밤 사이긴 하지만 멜리사가 많이 안정돼 보였다. 팔을 깍지 끼고 위로 쭉 들어 올리며 심호흡을 여러 번 했다.

"음. 좋죠. 얼마만의 산책인지 모르겠네요."

멜리사가 혼잣말처럼 말을 던졌다.

"맞아요. 멜리사, 이제 곧 모든 일이 잘 풀릴 거예요. 티미카의 여관은 신비로운 곳임이 틀림없어요."

"뭘 보고 그렇게 생각하는 거죠? 리시스."

"징표가 있지요. 신께서 제게 보여 주신 징표가 있다니까요."

"무슨 징표요? 말해 보세요."

"하하하. 잘 들어 보세요. 우린 처음 여섯 명이었어요. 6은 완전수잖아요. 전 거기서 우리가 그만큼 완벽한 힘을 갖고 있다는 걸 깨닫게 됐죠. 우리가 잘 뭉친다면 무슨 일이든 해낼 거란 걸 알고 있었어요. 우린 힘든 노숙 생활을 잘 넘겼잖아요.

그런데 티미카가 결합되면서 일곱 명이 됐어요. 7이 무슨 수인지 아시죠? 잡힐 듯 잡히지 않는 신비함과 매력을 갖춘 수잖아요."

"조금 더 설명해 주세요, 리시스. 저는 잘 몰라요."

"네, 가르니논. 일단 정칠각형은 작도를 정확히 할 수 없어요. 정삼각형부터 정십각형까지의 정다각형 중에서 한 내각의 크기(900/7=128.571428······)[3]가 자연수가 되지 않는 유일한 정다각형이, 바로 정칠각형이에요. 그래서 '처녀수'라고도 해요. 잡힐 듯 잡히지 않는다는 게 이 말이에요. 정확히 알 수 없는 신비한 수죠.

우리는 이제 세상 사람의 지혜와 힘으로는 선느릴 수 없는 곳에 와 있는 거예요. 여관이 바로 그런 곳이죠. 신비한 마력을 통해 처녀처럼 정결한 영혼으로 재탄생할 게 분명해요."

"듣고 보니 그렇군요. 테트라크티스가 걸려 있던 것도 보통 일이 아니죠. 우린 며칠 전 과거와 단절했어요. 예전의 학파 생활로 다시 돌아온 듯한 느낌이에요."

"멜리사. 그렇게 될 거예요. 7이 그런 뜻을 갖고 있으니까요. 단절과 연속!

7을 빼고 1부터 6까지를 곱하면(1×2×3×4×5×6) 720, 8부터 10까지의 곱(8×9×10)도 720이지요. 7을 넣어도 마찬가지예요. 1부터 7까지의 곱과 7부터 10까지의 곱은 5040으로 같아요. 7은 1부터 10까지를 단절하면서 다시 이어 줘요. 오직 7만이 그런 역할을 해요.

7에 도달한 우리를, 신께서는 어두운 과거와 단절하게 한 후, 학파의 영광이 연속되도록 해 주실 거예요. 그러니 힘을 냅시다."

아르키포스는 동료들을 격려해 주고 싶어서 최근에 알아낸 비밀스런 지식 하나를 알려 줬다. 리시스와 동료들은 놀랐다. 처음 듣는 이야기였다. 가르니논은 7을 달리 보게 됐다. 그러고 보니 북두칠성도, 아폴론이 연주하는 리라의 줄도 7이었다. 앞날이 아르키포스의 말처럼 되기를 지켜보고 싶었다.

"아르키포스, 우리가 공격받은 이유를 정말 모르시나요? 전혀 모르진 않을 것 같은데. 이유라도 알아야 이 상황을 받아들일 거 아녜요?"

멜리사는 작지만 또박또박하게 물었다. 시민은 성난 짐승 떼나 다름없었다. 학파의 그 무엇이 그들을 짐승으로 만들었는지 궁금했다. 아르키포스가 뭐라도 말해야만 했다. 그냥 넘긴다면 수제자로서의 체면이 서지 않을 것 같았다. 그는 어렵게 말을 꺼냈다.

"멜리사가 기력을 조금이나마 회복했나 보군요. 그런데 미안합니다만…… 잘 모른다고 말해야 할 것 같네요. 아니…… 솔직히 모르겠어요."

아르키포스는 어렵게 한 마디씩 뱉어 냈다. 동료들이 크게 실망하지는 않았다. 그가 상황을 정확하게 파악하지 못한다는 걸 짐작하고 있어서다. 역시 그랬구나 하는 표정이었다.

"그런데 잘 모른다고 해야 할 것 같다는 건 무슨 뜻이죠? 전혀 모르겠다는 게 아니잖아요."

히테아노가 예리하게 지적했다. 아르키포스는 난감했다. 수제자로서 다른 동료보다 더 많은 정보를 알고 있는 건 사실이었다. 하지만 이해 못한 건 마찬가지였다. 그런 상태에서 무턱대고 떠들어 델 수는 없었다.

"제 말은…… 말 그대로 모른다는 뜻입니다. 시민의 태도가 변하고 있다는 징후를 조금 알았지만 그건 공격당한 이유와는 상관이 없잖아요."

"징후요? 그러면 우리가 당한 공격이 이번이 처음이 아니었다는 건가요?"

놀란 표정으로 멜리사가 물었다.

"그럼 밀론의 집에서 가르니논이 꺼낸 이야기, 최근에 공격받은 적이 있다는 말이 사실이란 말이에요? 외부 청강생의 말 따위를 믿지 말라고 했던 건 뭐죠?"

분위기가 순식간에 바뀌었다. 잠잠해질 듯했던 분위기가 반전됐다. 가르니논이 분위기가 좋지 않다고 말했을 때 고인이 된 수제자는 전혀 그렇지 않다고 했다. 아르키포스는 그걸 잊고 있었다. 자신의 발언은 그 말을 정면으로 부인하는 꼴이 돼 버렸다.

누군가는 거짓말을 하고 있었다. '누가' 거짓을 말했느냐보다 수

제자로서 '거짓'을 말했고, 다른 제자들을 '속였다는' 점이 중요했다.

정직과 신뢰는 제자의 가장 중요한 수행법이다. 스승은 절대적이고 완전한 진리에 다다르는 지름길로 정직을 강조했다. 영혼과 거짓은 어울리지 않았다. 영혼은 거짓을 말할 수 없었고, 거짓을 말하는 영혼은 영혼이 아니었다. 거짓을 말하는 건 다른 사람을 의식해서이거나 자신의 몸을 우선하기 때문이다. 그래서는 수행이 불가능하다. 정직은 수행의 처음부터 끝까지 유지돼야 했다.

그런데 수제자가 거짓을 말한 셈이었다. 다른 동료들은 의아해했다. 신뢰가 깨진다면 학파 생활을, 더군다나 여관 생활을 굳이 할 필요가 없었다. 심각성을 눈치챈 아르키포스는 빠르게 대처했다. 대답이 늦을수록 오해만 커질 뿐이었다.

"우리는 거짓말을 하지 않았어요."

"수제자 두 분이 서로 정반대의 이야기를 했는데, 거짓말을 안 했다는 거예요?"

"내 말을 들어 보세요, 히테아노. 시민의 분위기는 좋지 않았어요. 하지만 모든 시민이 그런 건 아니었죠. 스승과 수제자 그룹에서는 왜 그런 건지, 무엇 때문인가를 정확하게 파악해 공동체에 발표하려 했어요. 스승께서도 제자들이 괜히 걱정하지 않도록 당분간 알리지 말라고 하셨어요."

스승의 말씀이었다는 말에 동료들은 모두 수긍했다. 스승의 결정이었다는 말에 토를 달기는 어려웠다.

"힘든 집안 사정을 자식에게 일일이 말하지 않는 부모의 입장과 같은 것이로군요. 그럴 수 있죠. 그건 그렇고 이번 일 이전에 있었다는 일은 무엇이었나요? 집안 사정을 전혀 몰랐다면 모를까 뭔가 낌새를 챈 자식이라면 제대로 알아야죠."

대화를 곰곰이 듣던 카리프톤이 물었다. 어려움을 함께 나누자는 그의 말을 다른 동료들은 적극적으로 지지했다. 비상 상황이니만큼 그게 낫겠다고 했다. 결정은 아르키포스의 몫이었다. 어떻게 결정하든 동료들은 따를 것이었다.

'모두 말해 버릴까? 그리고 길을 함께 찾아보는 게 나을까? 그건 스승의 말씀을 어기는 건데. 그리고 말해 주면 다른 동료들이 다 알게 돼 나와 다를 바가 없어져 버리는데……'

아르키포스는 고민했다. 머리를 이리저리 굴려봤지만 답은 이미 정해져 있었다. 혼자서 헤쳐 나갈 방법은 없었다. 함께 찾아보는 것만이 그가 선택해야 할 길이었다.

"우리는 운명을 같이 하고 있습니다. 어려움도 함께 극복해야 하니 제가 알고 있는 것들을 말해 드리죠.

시민의 행패는 우발적이지 않았습니다. 저도 이번 일 이전에는 긴가민가했어요. 하지만 직접 공격당하고 보니 그게 일련의 흐름에서 일어났다는 확신이 듭니다. 우리를 음해하려는 자들이 구체적이고 실질적인 계획을 진행시키는 와중에 일어난 일이었던 거죠.

이전에 또 다른 공격이 있었어요. 자잘한 부딪침이 있었지만 직접적으로 드러난 첫 사건은 네 명의 수제자가 공개적으로 공격받은 거였어요. 천인회의 아시죠? 크로톤의 최고 통치 기관인데 크고 작은 일을 상의하고 결정하잖아요. 여기에는 학파 분들이 꽤 있는 걸로 알고 있습니다. 거기서 어느 날 학파 제자 네 명이 다른 사람들로부터 비판받았어요. 그 일을 시작한 장본인은 참주 킬론이었지요. 그는 학파가 시민에 대해 음모를 꾸미고 있다고 했대요. 이에 그 자리에 있던 다른 시민도 덩달아 맞장구쳤죠. 학파 분들이 크게 다칠 뻔했다더군요.

스승께서 안 계셨던 터라 수제자 그룹이 그 일을 보고받았고, 상의했지요. 하지만 시민과의 관계는 거의 스승께서 다루셨던 터여서 우리는 결론 내리지 못했어요. 스승님께서 돌아오시면 상세하게 파악하여 대처하기로 의견을 모았지요. 그러는 와중에 밀론의 집 사태가 터져 버린 거예요."

아르키포스는 처음엔 조심스러웠으나 나중에는 술술 생각나는 대로 설명했다. 말을 끝내자 맘이 한결 가벼워졌다. 하지만 동료들은 반대였다. 그들은 궁금한 것을 들을 수 있어서 좋았다. 그러나 말을 들으면서 생각보다 사태가 심각하다는 걸 알고 멍해지기까지 했다. 궁금증의 대가치고는 가혹했다. 하나의 궁금증은 풀렸으나 다른 궁금증이 생겼다.

방에서 진행된 저녁 토론은 그렇게 마무리됐다. 불필요한 잡음이 일지 않도록 아르키포스가 모임을 그만하자고 했다. 충격을 받아들일 개인적인 시간이 필요했다. 동료들은 어둠이 짙게 깔린 밖으로 나가 바람을 쐬었다.

밤은 모든 세계를 감추고 자신의 존재와 마주 대하게 한다. 동료들은 그 밤 속으로 각자 흩어졌다. 다른 이는 보이지 않았다. 다른 이의 눈을 의식하지 않고 자기에게 솔직해질 수 있었다. 밤이 새삼스레 고맙게 느껴졌다. 학파에서는 밤을 낮과 대조하며 흑암이라고 터부시 했다. 그 밤의 의미가 새롭게 다가왔다. 햇볕 아래 그늘과 같은 느낌이랄까!

방에서 리시스와 아르키포스가 피타고라스의 정리 이야기를 나누고 있었다. 가르니논은 그 정리에 대한 말은 들었지만 상세한 내용은 모르고 있었다. 잘됐다 싶어 리시스 옆에 앉아 처음부터 설명해 달라고 부탁했다.

"피타고라스의 정리는 직각삼각형의 세 변에 관한 거예요. 직각삼각형의 세 변을 a, b, c라고 해 봐요. 이때 c가 가장 긴 빗변이죠. 이 정리는 어떤 직각삼각형이든 빗변이 아닌 두 변의 길이의 제곱의 합(a^2+b^2)은 항상 빗변의 길이의 제곱(c^2)과 같다는 거예요. $a^2+b^2=c^2$."

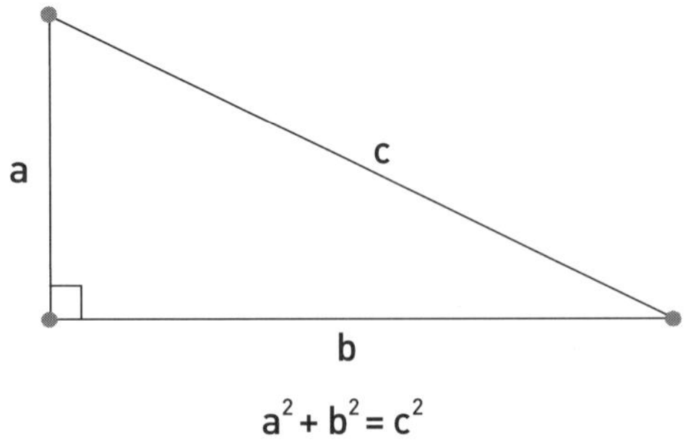

"삼각형은 다 그렇다는 거예요?"

"아뇨. 가르니논. 직각삼각형일 때만 성립해요. 모든 직각삼각형은 다 그렇죠."

"신기하네. 직각삼각형이 한둘도 아닐 텐데 어찌 그렇다고 말할 수 있대요? 다 해 봤나?"

"그걸 어찌 다 해요. 무한히 많아서 불가능하죠. 그걸 보여 주는 게 바로 증명이에요."

"그걸 물어보고 있던 참이었어요. 아르키포스 설명해 주세요."

"알았어요. 음…… 방에서는 곤란해요. 우리 밖으로 나갑시다."

아르키포스는 마당으로 나가 이리저리 서성이며 뭔가를 찾았다. 그림 그리기 좋은 흙을 찾기 위해 손으로 흙을 만지작거렸다. 안쪽 모퉁이 흙을 만져 보고는 고개를 끄덕거리며 막대기 하나를 손에 들고 앉았다. 직각삼각형과 정사각형을 그린 후 이야기를 다시 시작했다.

"자, 여기 직각삼각형ABC가 있어요. 피타고라스의 정리($a^2+b^2=c^2$)을 도형으로 해석하면 그건 □ACHI의 넓이(b^2)와 □BCGF의 넓이(a^2)의 합이 □ABED의 넓이(c^2)와 같다는 게 됩니다. 수의 제곱은 정사각형의 넓이로 볼 수 있으니까요.

□ACHI의 넓이+□BCGF의 넓이=□ABED의 넓이

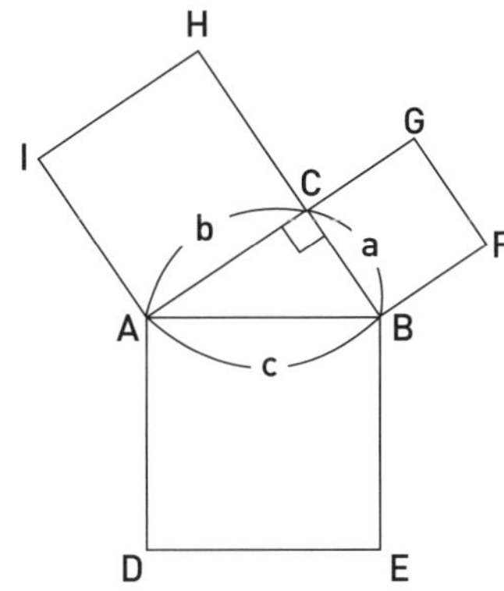

지금부터 그걸 증명해 보일 텐데 잘 보셔야 해요."

"네."

"증명의 목표는 □ACHI=□AMND, □BCGF=□BMNE를 보이는 거예요. 이러면 증명은 끝이에요.

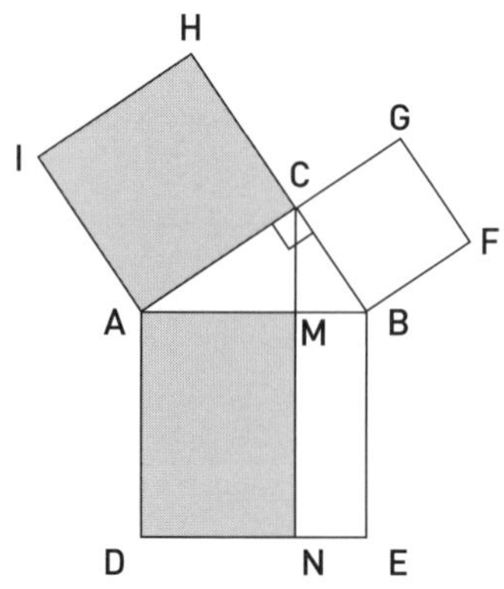

□ACHI+□BCGF=□AMND+□BMNE=□ABED”

"그걸 어떻게 보이시게요?"

"마법을 보여 주죠. 하나의 존재가 다른 존재로 변신하게 돼요. 그러다 보면 증명은 끝나요. 먼저 □ACHI=□AMND를 보일게요.

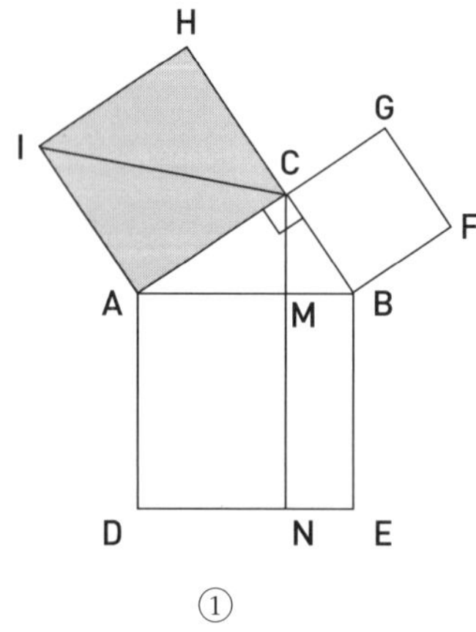

①

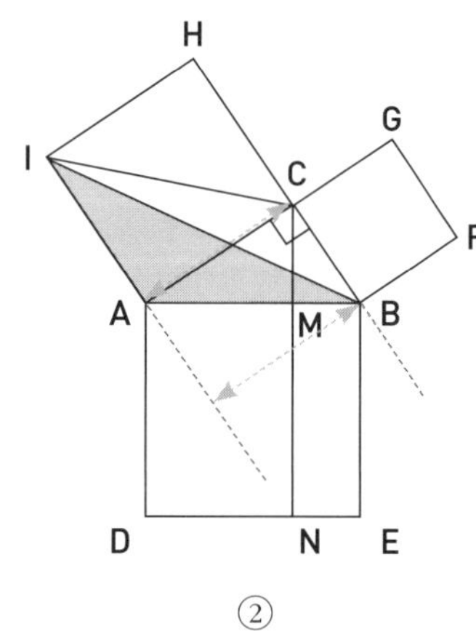

②

△ACI는 □ACHI 넓이의 절반이에요.① 그런데 △ACI=△ABI예요.②
밑변과 높이의 길이가 같으면서 모양만 다르니까 넓이는 같은 거죠.
밑변과 높이의 길이가 같은 삼각형은 모양이 달라도 넓이는 같으니
까요.

　　다음 △ABI를 시계방향으로 90도만큼 회전이동 시켜요. 그럼
△ABI는 △ADC와 합동이 되어 넓이가 같아요.③

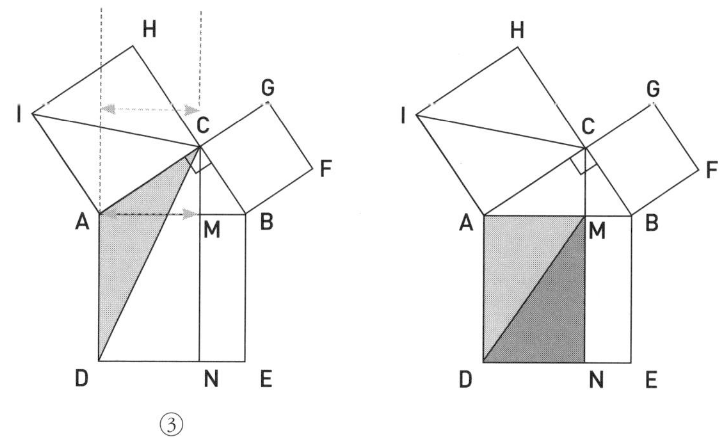

③

마지막으로 △ADC=△ADM예요. 밑변과 높이의 길이가 같은 삼각형
이니까요. 정리하면 △ACI=△ABI=△ADC=△ADM이죠. 두 사람 모
두 맞죠?"

　　"네…… 맞는데요. 논리적인 비약은 없었어요."

　　"그런데 △ACI는 □ACHI의 절반이고, △AMD는 □AMND의

절반이에요. △ACI=△AMD이므로 □ACHI=□AMND란 결론이 나
와요. 이로써 증명의 절반이 완성된 거예요.”

가르니논은 눈앞에서 펼쳐지는 지식의 향연으로부터 눈을 뗄 수
없었다. 하나의 도형이 모양을 바꿔가며 변하고, 그런 변화를 통해
한 치의 오차도 없는 결론에 다다랐다. 입을 다물 수 없었다. 아르키
포스는 그와 동일한 방법을 이용해 □BCGF=□BMNE임을 보였다.
그러더니 □ACHI+□BCGF=□AMND+□BMNE=□ABED, 즉 피타
고라스의 정리를 유도했다.

아르키포스는 아무 말 못한 채 흙 위의 그림을 살펴보는 가르니
논을 바라봤다. 자신이 쳐다보고 있다는 걸 전혀 의식하지 못했다.
감동을 넘어 경이로운 모습으로 그림을 따라가고 있었다. 수제자로서
의 체면이 서는 것 같아 우쭐해졌다. 그가 충분히 되새겨 보도록 홀
로 두고 리시스와 함께 방으로 들어갔다.

“티미카, 여관은 아침이 참 바쁘군요.”

아침 식사 후 마당에서 이불을 널고 있는 티미카를 보고 가르니
논이 물었다.

“그럼. 식사 준비도 해야 하고, 손님이 빠져나가는 거 돕고, 방도
청소해야 하거든. 일찍 떠나는 손님이 계시는 날에는 새벽같이 일어
나 일을 시작해야 해.”

"그런데도 힘들지 않으신가 봐요? 사람 상대하는 일이 피곤한 법인데."

"이걸 힘들어 하면 안 되지. 그분들 덕에 내가 밥 먹고 사는걸. 그리고 난 사람이 좋아. 낯선 곳에서 온 이방인일수록 끌리던데."

"낯선 사람이 더 끌린다고요? 무섭지 않으세요?"

"두려울 때도 있기는 해. 그래도 이야기하다 보면 사람 사는 게 비슷하더라고. 오히려 재미난 이야기를 들을 수 있어서 좋아. 난 종일 여관에 붙어 있어야 해. 답답해서 훌쩍 어디론가 가 버리고 싶을 때가 있지. 그럴 때 손님들 이야기를 들으면 여행 다녀온 거나 마찬가지야. 가만 앉아서 천리 길 돌아보는 격이어서 여관 일이 난 좋아."

"아하. 그래서 누님이 손님한테 그렇게 잘해 주시는구나. 말벗도 돼 주시고, 이 지역 정보도 알려 주시고. 다 속셈이 있으셨구나!"

"여행객이 사실 외롭고 피곤하거든. 그때 말 한마디라도 따뜻하게 해 줘 봐. 얼마나 좋아한다고. 서로 좋은 일이지. 이제 수다는 그만 떨어야겠어. 나 일해야 돼."

티미카는 가르니논에게 이불 먼지를 날리며 쫓아 버렸다. 가르니논은 쫓겨나듯 2층 방으로 올라갔다. 방에서는 아르키포스가 강의하고 있었다.

"강의 중이었군요. 강의도 좋은데 여관 일을 조금 돕는 건 어떨까요? 보니까 오전에는 상당히 일이 많더라고요. 우리가 도와준다면 훨씬 수월해질 거예요.”

“뭐라고요? 여관 일을 도우라고요?”

“네, 리시스. 왜 그렇게 놀라요?”

“그건 티미카가 할 일이지 우리가 관여할 일이 아니죠. 사람에게는 다 적절한 지위와 역할이 있어요. 자기 자리가 있다고요. 어떻게 우리보고 그런 허드렛일을 해 보자고 말할 수가 있죠? 우리 신세가 좀 구겨지긴 했지만, 우리에게도 자존심이란 게 있다고요.”

예상 밖의 반응이었다. 가르니논은 그저 티미카를 좀 도와주자는 생각이었다. 고마운 마음에서 그렇게 하고 싶었다. 하지만 리시스는 무심결에 허드렛일이라고 대꾸했다. 어쩌면 그 말이 리시스의, 제자의 의식일 거라는 생각이 들었다. 그들에게 일상이란 공부와 수련, 토론이 고작이었다. 생계를 위해 몸을 써가며 일을 하지 않았다. 그런 건 시간 낭비이고, 수련을 방해하는 허드렛일이었던 거다. 가르니논은 오기가 발동했다.

“아르키포스도 그렇게 생각하는 거죠?”

“허드렛일이라고까지 할 수는 없지만 그녀에게 그녀의 일이 있는 것처럼 우리가 해야 할 일은 따로 있어요. 그게 결국은 다 세상 사람을 위한 일이죠.”

“공부하고 수련하는 걸 말하는 거죠? 학파의 지식이 출중하다는 건 인정해요. 매력도 있고요. 그런데 공부란 게 꼭 정신을 가다듬고, 수련이란 게 꼭 명상에 잠기는 것만 뜻하는 걸까요? 몸 쓰는 것도 공부고, 일하는 것도 수련이 아닐까요? 너무 좁게 보고 거기에 집착하는 건 아닌지……."

"가르니논! 지금 학파의 방법이 너무 좁다고 하셨나요? 그렇게 말하기에는 학파를 제대로 모르잖아요."

학파를 건드리자 리시스는 발끈했다. 아르키포스도 얼굴이 굳어졌다. 방향을 바꾸는 게 나을 것 같았다.

"제가 그런 말을 하기엔 이르다는 건 인정해요. 리시스가 티미카와의 만남을 7로 비유할 정도로 우리는 그녀를 동료로 받아들였어요. 그녀 덕분에 우리가 이렇게 지내고 있죠. 밥도 먹고, 잠도 자고, 강의도 듣고. 그런 그녀가 일이 많다면 우정의 표시로 도와줄 수 있는 거 아닌가요? 동전 한 푼도 못 주고 있는데, 염치가 좀 있어야 하지 않을까요? 이거 생각해 보셨어요? 티미카가 방 청소한다고 할 때 어떻게 하셨어요? 그러시라고 모두 밖으로 나갔어요. 그때 티미카의 기분이 어땠을까요? 우린 친구라고 부르고 있는데, 그녀는 정말 친구라고 느낄지 궁금하네요."

염치라는 말이 아르키포스의 귀에 박혔다. 티미카의 기분을 생각해 보지 못했다. 자신의 입장만 고려했지, 그녀의 입장에 서 보지 못했다. 분명 유쾌한 기분은 아니었으리라. 그들이 누리는 모든 안정은 티미카의 말 한마디면 끝나 버린다. 그녀는 그들의 종이 아닌 여관 주인이다. 불안하고 불편한 맘이 들었다. 이런 맘이 들게 한 가르니논이 얄미웠지만 그의 말을 무시할 수는 없었다.

아르키포스는 가르니논의 말처럼 티미카를 돕기로 했다. 동료들도 내키지는 않았지만 받아들였다. 다시 내쫓기고 싶지 않아서였다. 그런 동기로 하게 됐다는 게 불쾌했다. 리시스가 특히 그랬다. 가르니논을 고까운 심정으로 보게 되는 건 어쩔 수 없었다. 가르니논이 허드렛일이란 없다고, 그런 일 때문에 공부할 수 있는 거라고, 그러니 모든 게 공부고 수련이라고 말할 때는 웃기는 소리 말라며 속으로 씩씩댔다.

가르니논은 티미카와 상의하여 일행이 도와줄 만한 일거리를 정했다. 설거지와 방 청소가 주를 이뤘다. 그가 방법을 몸소 보여 주자 일행은 성실하게 일했다. 티미카도 그걸 금방 알아봤다. 조금씩 적응하면서 그들의 여관 생활도 자리 잡아갔다.

학파에서는 일어나면 경구를 읊조리며 마음을 가다듬었다. 아침 산책을 하며 스승의 말씀을 되새겼다. 아침 식사 후 피타고라스의 강의가 진행되었다. 토론과 연구가 병행되기도 했다. 모임 후 마사지를 하거나 운동을 하며 신체를 단련했다. 오후에는 삼삼오오 모여 오전 강의 내용에 대해 논의했다. 저녁이 다가오면 목욕하고 향을 태우며 몸을 정갈하게 했다. 저녁때도 강의가 있었다. 강의 후 숙소나 각자의 집으로 흩어져 하루를 마감했다. 잠들기 전에는 하루를 회상하며 반성했는데, 다음과 같은 경구를 암송했다.

> 오늘 자신이 한 일에 대해
>
> 세 번 되돌아 보기 전에는
>
> 눈을 감고 자는 것을 허락지 말라
>
> 잘한 일은 무엇이고,
>
> 그렇지 못한 일은 무엇이며,
>
> 또 끝내지 못한 일은 무엇인가?[4]

여관은 학파가 아니었다. 아침 식사 전 산책과 오후 활동은 그런대로 유지할 수 있었다. 오전은 여관을 돕는 일로 대신했다. 저녁때는 아르키포스의 강의를 듣기로 했다.

[3] 정다각형 내각의 합

구분	정삼각형	정사각형	정오각형
모양			
삼각형의 갯수	1	2	3

정다각형은 변의 길이와 내각의 크기가 같은 다각형이다. 고로 내각의 크기는 내각 전체의 합을 내각의 개수로 나누면 된다.

정n각형의 내각의 크기=내각의 합÷내각의 개수(n)

내각의 합은 정다각형이 몇 개의 삼각형으로 쪼개지는가로 계산한다. 삼각형은 삼각형 한 개, 사각형은 삼각형 두 개, 오각형은 삼각형 세 개로 쪼개진다. 정n각형의 경우 (n−2)개의 삼각형으로 쪼개지므로, 내각의 합은 (n−2)×180°이다(삼각형의 내각의 합은 180°). 내각의 개수는 변의 개수 n과 같으므로,

정n각형의 내각의 크기=(n−2)×180°÷n

예) 정칠각형의 내각의 크기 = (7−2)×180°÷ 7

$$= 5 \times 180° \div 7$$
$$= 900° \div 7$$
$$= 128.571428\cdots\cdots$$

[4] 《피타고라스를 말하다》, 존 스트로마이어·피터 웨스트브룩 지음, 도서출판 퉁크, 2005년, 59쪽

5

시민은 왜 학파를 공격했을까?

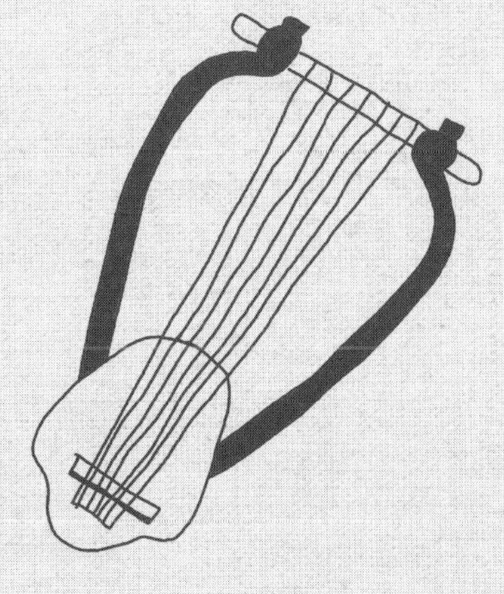

"크로톤 시민들은 왜 우리를 공격했을까요?"

저녁 강의를 시작하자마자 아르키포스가 동료들에게 물었다. 폭동 배경과 이유를 여전히 묻고 있었다. 하지만 질문이 달랐다. 지금까지는 공격받은 이유를 물었다. 학파 입장에서 사건을 바라보며 원인을 찾는 거였다. 아르키포스는 반대 입장에서 사건을 바라보며 질문한 것이었다. 동료들은 한방 맞은 표정이었다.

"며칠 전 피타고라스의 정리를 이야기하던 날 이 질문이 떠올랐어요. 우리는 도형을 변환해 가며 정리를 증명했어요. 똑같은 문제도 해법을 다르게 하면 답을 구할 수 있게 돼요. 스승께서 우리에게 주신 최고의 지혜는 문제의 해법을 찾는 방식이었어요.

악기의 음계를 생각해 보세요. 옛사람들은 어떤 경우 화음이 되는가를 감으로만 찾아내려 했어요. 하지만 감이라는 게 수시로 변하기에 해법을 찾기 어려웠죠. 그때 스승께서는 현 길이의 비율을 이용하셨어요. 그 비율에 따라 음이 어떻게 달라지는가를 실험하셨죠.

어떤 현을 1:1로 나누는 점, 즉 중점을 누르고 현을 튕기면 한 옥타브 높은 소리가 나요. 그런 방식으로 현을 2:1로 나누는 점을 누를 경우 원래 현에서 나는 소리보다 5도 높은 소리, 즉 화음이 만들어진다는 걸 알아내셨죠.

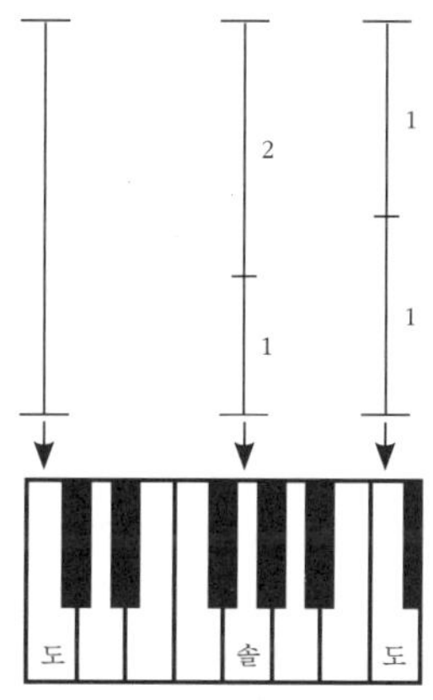

'모든 존재에는 수가 숨어 있으니 그 수를 찾아내라! 수만 찾아낸다면 어떤 문제든 해법을 찾을 수 있다!' 스승은 늘 이렇게 강조하셨죠. 수는 어려운 문제를 풀 수 있는 적절한 방식으로 바꿔 줘요. 폭동의 이유를 못 찾은 건 질문이 잘못됐기 때문이에요. 우리가 공격받은 이유를 물을 게 아니라 그들이 공격한 이유를 물었어야 해요."

아르키포스는 막힘없이 이야기를 풀어 나갔다. 동료들은 역시 수제자로구나 하며 이야기에 빠져 있었다. 피타고라스의 정리를 응용해 현실 문제에 접근한다는 게 놀라웠다.

"공격한 이유, 그걸 알아야 해요. 그런데 저는 이것에 대해 할 말이 없어요. 그들을 전혀 알지 못하기 때문이죠. 그래서 저 대신 다른 사람의 이야기를 듣고자 해요. 이 시점에서 가르니논의 이야기를 경청해야 한다고 생각합니다. 신중한 고민 끝에 내린 결정이니 따라 주세요."

예상치 못한 호명에 가르니논은 놀랐다. 스승과 수제자만이 해 왔던 강의를 자기에게 해 달라는 부탁이었기 때문이다. 다른 동료들도 의외라는 반응이었다. 리시스는 말도 안 된다는 표정을 지었다. 가르니논은 머뭇거리며 어찌 할 것인지 따져 봤다.

스승과 제자는 그들만의 공동체를 이루며 산다. 겉보기에는 평온하며 자율적인 분위기다. 습관적인 생각을 탈피하여 순수한 정신 세계에 닿아 보라고 스승은 환경을 그렇게 조성했다. 그러나 실상은 꼭 그렇지 않았다.

학파에는 동일한 목표와 관점을 가진 사람만 모여 살았다. 스승의 말씀을 좇고, 스승처럼 명철하고 고매한 지식을 추구했다. 동일한 목표는 경쟁을 자극하기 마련이다. 두각을 나타내기 위해서는 열심히 해야만 했다. 주목받지 못하면 존재감은 사라진다. 약육강식의 또 다른 생태계였다. 경쟁은 치열했고, 압박감의 수위는 높았다. 그 결과 스승은 더욱 추앙받았으며, 모든 지식은 스승의 이름으로 선포됐다.

사정이 이렇다 보니 제자들은 공동체 밖을 살필 겨를이 없었다.

그런 관심사는 헛짓거리였으며 딴청 피우는 것에 불과했으니까. 공개적으로 명확히 드러난 일이거나 스승을 통해 거론된 일 말고는 알지 못했다. 학파 공격은 매우 은밀하게 추진된 일이었으므로 제자들이 알 턱이 없었다. 아르키포스가 가르니논을 주목한 건 자연스러웠다. 가르니논은 학파와 시민 사이를 오가는 유일한 인물이었기 때문이다.

"음…… 시민이 학파를 공격한 이유라. 그걸 왜 저한테 묻죠?"

감정 없는 무뚝뚝한 목소리로 가르니논이 다시 물었다. 아르키포스는 말이 없었다.

"아니 왜 묻느냐고요? 물을 만하니까 묻는 거지요."

카리프톤이 신경질적으로 답했다.

"늘 스승과 제자가 우선이고, 외부 청강생이라며 제 말은 들어주지도 않더니 이제 와서 왜죠? 그렇게 애쓰던 때에는 콧방귀도 안 뀌더니 이게 뭡니까? 그때 들어 주셨으면 좋았잖아요!"

가르니논은 오랫동안 눌러 온 울분을 터뜨렸다. 아르키포스의 표정이 일그러졌다. 미안한 맘이 오롯이 드러났다. 후회한다는, 미안하다는 말을 몸으로 대신했다. 다른 동료들은 이 상황을 이해하지 못했다. 가르니논은 목소리를 가라앉히며 말을 이었다.

"저는 밀론의 집 모임을 추진했던 사람 중 하나였어요. 이유는 간단해요. 시민의 조짐이 좋지 않아 대책을 세우자고 얘기하려 했어요. 학파를 가만 두지 않을 거라는 소문이 시민 사이에 퍼져 있었어요. 가족은 제게, 외부 청강생이기는 해도 학파에 발길을 끊는 게 낫지 않겠느냐고 했어요. 저는 진상을 알아보려고 여기저기 수소문해봤어요. 결론은 소문이 사실이라는 거였어요.”

“그렇게 결론 내린 근거가 뭐예요?”

말이 끝나지도 않았는데 카리프톤이 물었다.

“천인회의에서 학파 분들을 공개적으로 공격한 사건! 예전에는 그런 일이 없었죠. 학파의 영향력이 대단해 대들 만한 배짱을 가진 사람이 없었거든요. 그러다가 서서히 바뀌었어요. 학파에 반대하던 귀족이 차지하는 비중이 늘어난 거죠.

그들이 갑작스럽게 그렇게 했겠어요? 적어도 귀족끼리는 어느 정도 조율이 있었을 게 뻔해요. 공개적으로 공격한 건 시민을 움직이기 위한 제스처였던 거죠. 시민을 같은 편으로 만들려 했던 거예요. 정치적인 기술을 활용해 시민을 선동하고 농락한 거죠. 학파가 크로톤의 부와 권력을 거머쥐고 있다! 학파가 크로톤을 학파에 예속시키려 한다! 전쟁의 승리로 얻은 땅과 전리품도 모두 학파의 것이 돼 버렸다! 귀족은 시민에게 이런 말들을 퍼뜨려 분노를 자극했어요.

밀론의 집 모임을 서두른 건 그런 배경에서였어요. 그런데 그걸 어떻게 알았는지 그 모임이 시민에게 빌미를 제공한 셈이지요. 우리가 공격당할 때 시민 대표가 있던 걸 전 봤어요. 폭동 뒤에 그가 버티고 있었어요. 그 폭동은 오랫동안 치밀하게 준비된 각본이었던 거예요."

동료들은 충격을 받았다. 가르니논의 이야기대로라면 학파는 넋 놓고 있다가 당한 꼴이었다. 학파에는 마른하늘에 날벼락이었지만, 시민에게는 곪을 대로 곪은 상처가 터진 거였다. 아르키포스는 부끄럽고 한심했다.

스승께서는 왜 그런 분위기를 눈치채지 못하셨을까? 처음에는 이렇게 스승 탓을 했다. 바깥 분위기가 수상하니 한번 살펴보라고 한 말씀만 하셨더라면 제자들이 움직였을 텐데. 그러다가 설령 그랬다 한들 폭동이 일어나는 걸 막을 수 있었을까 하는 의문이 들기는 했다.

"충격적이로군요. 우리가 느긋하게 공부하고 있을 때, 그들은 전쟁을 준비했다는 거잖아요."

카리프톤이 맥이 빠져 말했다. 그의 말은 더 이어졌다.

"귀족은 왜 우리를 미워한 거죠? 내가 살던 곳에서 귀족은 모두 학파를 염원하면서 자기 자식을 입문시키려고 안달이었는데. 저 역시 별다른 뜻이 없었지만, 부모님께서 강력하게 권하셨어요. 그걸 거부할 마땅한 이유가 없어서 따른 거고요. 제가 학파에 입문한다고 했을 때, 다른 귀족이 얼마나 부러워했다고요."

"귀족이라고 모두 좋아하지는 않아요. 저희 집안은 크로톤의 귀족이에요. 제가 아는 분 중에도 학파를 아주 싫어하는 분이 계셨어요. 이런저런 이유를 대셨지만 진짜 이유는 그분의 자제가 학파 입문에 실패했다는 점이에요. 그 후 그렇게 돌변하시더라고요.”

멜리사는 덤덤하게 그녀의 경험을 이야기했다. 카리프톤은 일리 있는 말이라고 느꼈다. 그가 학파에 입문하지 못했더라도 그의 부모님이 여전히 학파에 우호적이었을까 하는 의문이 들었다. 자신 없었다. 욕망의 대상을 취하지 못할 경우, 사람은 그 대상을 지탄하고 비난한다. 결혼하고 싶었던 여성과 결혼하지 못할 경우 그 여성을 헐뜯는 것과 같다.

“학파는 현재 크로톤 사회에서 매우 중요한 위치를 차지하고 있어요. 우선 인원이 어마어마하죠. 스승의 강의 때 몇 백 명씩 모이잖아요. 그중에는 귀족 출신과 공부 좀 한다는 사람이 많아요. 학파의 역량은 이미 인정받았어요. 학파가 권력과 출세를 위한 하나의 자격증 역할을 하고 있어요. 그러니 기득권자에게 학파는 그 자체로 엄청난 위협이 되는 거죠.

학파 출신이라는 건 기본적으로 학문적 역량이 뛰어나다는 걸 뜻해요. 자질도 있고, 그에 맞는 실력도 갖췄다는 걸 입증하는 거죠. 게다가 학파는 수련을 통해 몸과 맘을 절제하는 태도를 익혀요. 이런 면모는 정치 지도자로서도 손색이 없어요. 권모술수에 능하고, 입만 놀리는 일반적인 지도자와는 비교가 안 되죠.

학파는 의도치 않았지만 정치적인 힘을 갖게 됐고, 지도자를 배출하는 양성소가 됐어요. 사람이 모이다 보니 그렇게 된 거예요. 학파 출신이 사회 곳곳에 진출해 있고, 지도자급 인사가 학파를 자주 방문하죠. 제자들 간의 강한 유대감도 한몫 했어요. 제자끼리 형제보다 강한 우정을 느끼고, 전적으로 신뢰하죠. 많은 귀족이 학파에 끼고 싶어 했어요."

학파가 귀족의 동경과 선망의 대상이 됐다고 가르니논은 강조했다. 학파에 기웃거리며 몰려들던 사람을 연상하니 이해할 수 있었다. 하지만 선망이 쉽게 미움으로 뒤바뀔 수 있나는 세 이해되지 않았다. 참으로 오묘한 세계였다.

"정오각형 모양의 별! 사람들은 그걸 원했어요. 아무나 그릴 수 없는 정오각형과 별 모양! 그건 학파에 입문하지 않고서는 받을 수 없는 신의 지혜잖아요. 인간의 노력만으로는 알아낼 수 없죠. 그걸 얻지 못한 자를 중심으로 학파를 반대하는 기류가 형성된 거예요."

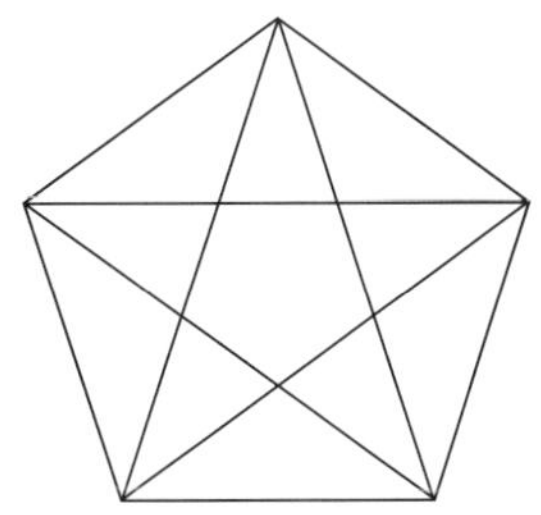

가르니논은 그렇게 이야기를 마무리 했다.

"나 참. 우리가 특별히 무얼 잘못한 게 아닌데도 비난받다니……
어쩜 사람들이 그럴 수 있죠? 아무리 그래도 미워하거나 공격할 것
까지는 없잖아요?"

리시스는 도저히 이해할 수 없었다. 혈기왕성한 젊은이로서 당연
했다. 선과 악에 대한 입장이, 자신의 잇속에 따라 그렇게 쉽게 뒤바
뀔 수 있다는 게 어처구니없어 보였다.

"우리만 잘한다고 되는 게 아니로군요. 그런데도 여전히 의문이
남아요."

"무슨 의문이요? 카리프톤."

"귀족의 돌변은 대강 이해하겠어요. 하지만 시민은 왜죠? 왜 귀
족에게 동조하여 우리를 공격했을까요? 시민은 정치나 학문에 직접
적인 관련이 없어서, 학파와 직접적인 이해관계가 맞물려 있지 않아
요. 귀족이 너무 교묘하게 선동해서 그런 걸까요?"

예리한 질문이었다. 귀족이 선동했다지만 시민의 동의와 참여가
없었다면 이번과 같은 사태는 일어나지 않았을 것이다. 가르니논은
별다른 망설임 없이 대답했다.

"시민이 귀족의 선동에 이끌려 무턱대고 따라나선 것은 아니에
요. 그럴만한 이유가 있었기에 맞장구를 친 거죠. 먼저 제가 하나 물
어볼게요. 여러분은 티미카를 어떻게 생각하세요? 티미카의 말이나

행동이 맘에 드시나요?”

가르니논은 그럴 리 없다는 걸 알면서도 일부러 맘에 드느냐고 물었다.

“티미카요? 참 고맙고 좋은 분이죠. 하지만 그녀의 언행을 좋아하기는 어려워요. 오늘 점심 때 기억나세요? 반찬으로 콩이 있었잖아요. 우리는 콩을 안 먹는다고 했더니 그녀는 남자한테 콩이 얼마나 좋은 건데 그걸 안 먹느냐고, 결혼을 안 해서 모르나 본데 콩 잘 먹으면 마누라한테 사랑받는다고 말했잖아요. 어떻게 여자 입에서 그런 말이 술술 나올 수 있는지 모르겠어요.

더 웃긴 건, 제가 콩을 먹지 말라는 게 스승의 가르침이라고 말한 후였어요. 스승께서 콩이 정력에 좋은 걸 아셔서 일부러 못 먹게 한 거라고, 아마도 스승께서는 몰래 드시고 계실지도 모른다며 웃어댔어요. 어떻게 그런 농담을 할 수 있냐고요. 티미카는 농담도 잘하고 함부로 말하는 경향이 있어요. 말하기 전에 생각해야 한다는 걸 전혀 모르나 봐요.”

리시스가 한참을 떠들었다. 다른 동료들도 동감하는 눈치였다.

“티미카가 우리에게 귀감이 될 만한 인물은 아니에요. 경험은 많지만 배우지 못해 경솔하고 천박해 보이기도 해요. 그러면 티미카가 보기에 제자들의 모습은 어떨까요? 고매하고 훌륭해 보이기만 할까요? 그런 면도 있을 거예요. 하지만 이상하게 여기는 점도 많아요.

티미카가 제게 뭐라고 한 줄 아세요? 당신 동료들은 재미가 없대요. 농담이나 웃음을 그대로 받아 줄 줄도 모르고, 사람의 맘이나 기분을 몰라준대요. 친해지고 싶어서 툭툭 던지는 말인데도 심각하게 받아들이고, 말만 가지고 사람을 판단하는 거 같다고. 말 하나하나에 너무 집착한대요. 안 되는 것도 많고, 안 하는 것도 많고. 지식은 많지만, 새장 속에 갇힌 새 같은 느낌이 든다더라고요.

더 속상한 게 있대요. 그녀도 자신이 못 배우고, 예의 바르지 않다는 건 알고 있어요. 그래서인지 우리가 그녀를 조금 천박하게 보는 것 같대요. 저는 그렇지 않다고, 오해하신 거라고 말씀드렸죠."

가르니논의 이야기에 묘한 분위기가 되었다. 몰래 한 나쁜 짓을 들켜 버린 것 같은 표정도 있었고, 어쩔 수 없는 거 아니냐는 표정도 있었다. 미안해하기도 했다.

"티미카와 우리의 관계는 시민과 학파의 관계와 비슷해요. 학파가 시민에게 직접적인 영향을 끼치지는 않았어요. 하지만 학파가 성장하면서 학파의 주장과 분위기는 귀족 사회는 물론 크로톤 사회 전체에 서서히 스며들었어요. 분명한 건 학파 분위기가 시민에게 익숙한 건 아니라는 거예요.

지식을 추구하고, 언행을 자제하며, 몸과 맘을 단련한다! 그렇게 할 수 있는 사람들에게는 좋겠죠. 하지만 시민에게는 그림의 떡이에요. 그럴 여유가 없거든요. 시민은 처음엔 학파를 동경했어요. 그러다 학파의 방식이 그들의 방식과 다르다는 것을 알고는 위화감을 느끼기 시작한 거예요. 실질적인 문제로 대두된 것도 있어요. 지식과 질서, 단련된 언행이 중요해지면서 시민은 부와 권력, 명예로부터 더욱 멀어졌어요. 공부해야 학파에 들어갈 수 있고, 학파 출신이 사회 지도자로 성장하기에 유리해지면서 접근이 차단된 거죠.

시대 조류인 민주주의의 문제도 있어요. 시민은 사회에 더 많이 참여하고, 그들이 생산한 부와 권력을 나눠 갖기를 원했죠. 하지만 학파는 그런 분위기와 정반대예요. 학파는 철저한 위계 질서가 있는 신분 사회, 계급 사회예요. 귀족 중심적이라 할 만큼 보수적이죠. 민주주의에 눈 뜨기 시작한 시민은 그걸 용납할 수 없었어요.

학파가 종교적인 움직임을 보인다는 것도 문제였어요. 스승을 신처럼 떠받들면서 스승의 말만 듣잖아요. 시민이 따르는 신, 전통, 문화와 관습 등을 잘 따르지 않죠. 이건 기존 질서를 거부하는 것이기에 매우 심각하게 받아들여졌어요.

학파에 반대하던 귀족은 이런 점을 이용해 시민을 꼬드겼어요. 그런 문제의 진원지가 학파다! 학파가 그렇게 조장하고 있다! 시민이 그렇게 믿도록, 학파를 공격하도록 부추긴 거죠."

한계를 넘어서

6

가르니논은 여관 생활이 은근히 좋았다. 그는 주목받는 생활을 하고 있었다. 티미카는 그를 학파의 일원이라는 점에서 보통 사람과는 달리 평가했다. 동료들은 여관 생활에 적응하는데 그의 도움을 절실히 필요로 했다. 그들로부터 그렇게 인정받는 게 좋았다.

지난 밤 그는 동료들의 시선을 한 몸에 받았다. 수제자인 아르키포스도 그의 이야기를 꼼꼼히 들었다. 학파에서 그런 경우는 한 번도 없었다. 귀족도 아닌 외부 청강생을 눈여겨보는 사람은 없었다. 그의 이름을 아는 이도 거의 없었다. 하지만 이곳에서는 그렇지 않았다.

여관 생활 최고의 매력은 그가 제자와 함께 생활하며 대화를 나눌 수 있다는 점이다. 강의에 매료된 그는 늘 스승이나 제자들과 가까워지고 싶었다. 그럴 기회가 없어서 아쉬워했다. 그런데 여관에서 그 소망을 이루고 있었다. 수제자로부터 강의도 듣고, 언제든 대화하며, 같은 집에서 지낸다는 게 꿈만 같았다. 다른 동료들은 그런 맘을 의식하지 못했다.

동료들은 역시 일반 귀족과 달랐다. 안하무인으로 사람을 함부로 대하지도 않았고, 분노나 화를 바로 드러내지 않고 절제할 줄 알았다. 기품 있는 태도가 몸에 익어 있었다. 부나 권력, 여자를 탐하거나 밝히지도 않았고, 그걸 얻기 위해 술수를 부리는 얄팍한 태도도 볼 수 없었다. 어려운 상황에서도 동료들과의 우정을 잃지 않는 모습은 감동적이었다. 끊임없는 탐구 정신은 타의 추종을 불허했다.

여관에서 가르니논은 그의 진가를 제대로 발휘했다. 티미카가 사람들과 잘 사귄다고 하지만 그녀가 주로 접했던 사람은 서민이었다. 말과 풍습이 차이 나더라도 심정적으로 공감하는 바가 많아 그 입장을 헤아리기가 쉬웠다. 하지만 학파 사람들은 정말 다른 부류의 족속이었다. 그들을 이해하려면 가르니논이 있어야 했다.

학파는 기본적으로 삶을 관조한다. 삶을 바라보며 삶의 원리나 이치를 탐구한다. 지식을 추구하고 숭상한다. 귀족이기에 가능했다. 먹고 살기 위해 몸부림쳐야 하는 서민과는 달랐다. 학파가 정신을 중요시하며 주로 머리를 쓰는 데 치중한다면, 서민은 주로 몸을 굴렸다. 물과 기름처럼 섞이기 힘든 존재였다.

가르니논은 학파의 말도, 세상의 말도 할 줄 알았다. 학파에도 세상에도 익숙했다. 이전에는 이런 그의 위치가 이도저도 아닌 애매한 존재처럼 여겨졌다. 반인반마의 켄타우로스처럼. 하지만 이제는 이곳저곳의 세계를 모두 아우를 수 있는 특별한 존재로 부상했다. 반인반신인 헤라클레스처럼. 이런 변화를 그는 실감했다. 동료들을 돕기 위해 정성을 다하고 싶었다.

아르키포스는 달랐다. 동료들의 절대적 지지에는 변함없지만 그의 리더십은 한계를 맞이했다. 가르니논의 강의는 결정적이었다. 그가 달리 보였다. 경쟁적인 마음이 들다가도 그나마 다행이란 맘도 들었다. 이런 변화를 담담하게 받아들여야 했다.

"멜리사, 치료 효과가 좀 있나요?"

치료받으러 가는 길에 가르니논이 물었다.

"글쎄 잘 모르겠어요. 치료를 받은 직후에는 조금 나아진 것 같은데 다음날이 되면 다시 아파요."

"매일 치료받고 있으니 좋아질 거예요."

"스승은 영혼이 강해져야 몸의 질병도 쉽게 나을 수 있다 하셨어요. 스승은 그런 방면까지 두루두루 지식을 갖고 계셨죠. 그런데 저는 지금 영혼을 회복하지 못하고 있어요. 맘을 먹는데도 맘대로 되질 않네요. 저의 한계인가 봐요."

멜리사는 그렇게 말하고 한숨을 쉬었다. 뭐라고 위로해야 할지 몰라 가르니논은 지켜보기만 했다. 그런 한숨이 그녀의 회복을 더 가로막고 있었다. 의지만으로는 어쩔 수 없는 게 있다는 걸 그녀는 절감하고 있었다. 화제를 돌려야 했다.

"크로톤에 가면 통증을 한꺼번에 날려 주는 온천이 있어요. 치료의 신인 아폴론이 머물다 간 곳으로 유명하지요. 제가 조만간 그곳으로 데려다 드릴게요."

"그곳 어디인지 알아요. 크로톤 남동쪽 해안가에 있는 곳이죠?"

"그걸 어떻게 아세요?"

"음…… 저의 집이 크로톤이거든요. 어릴 때부터 그곳에 종종 갔어요. 신기가 흐르는 곳이어서 그런지 효과가 아주 좋더군요. 그곳에 가고 싶네요."

"크로톤 줄신이셨어요? 반갑군요. 곧 그렇게 될 거예요."

"그럴 수 있겠죠. 가르니논은 학파에 어떻게 오게 됐나요? 쉽지 않았을 거 같은데."

"평민 출신이 어떻게 왔냐는 뜻이겠죠? 맞아요. 흔치 않죠. 저는 상인이에요. 어렸을 적부터 시작해 이제껏 해 오고 있어요. 저는 직업 때문에 여행을 많이 했어요. 로마 남부를 포함해서 그리스, 이오니아, 이집트까지 두루 다녀 봤지요. 그렇게 돌아다니면서 새로운 사람을 만나는 게 좋았어요. 배우는 게 많아 생각하는 것도 많이 달라졌죠. 지역마다 환경도, 사는 방식도, 사람들 성격도 다르더라고요. 잘 팔리는 상품도 다르죠."

"그것과 학파가 무슨 관련이 있는지 모르겠군요."

"저는 상인으로서 돈 버는 게 최고여서 이윤을 중심으로 모든 걸 바라봤죠. 그런데 어떤 이들은 최선을 쾌락이라고, 철학이라고, 건강이라고도 해요. 무얼 선택해야 할지 헷갈렸어요. 그걸 판단할 능력조차 없다는 걸 알고 고민했죠. 그때 학파를 알려 준 분이 계셨어요. 크로톤으로 오는 뱃길에서 만난 분인데, 크로톤에 그리스를 대표할 만한 현자가 계시다면서 그분께 배우면 뭔가 길이 보일 거라고 하셨어요. 멀리 있는 곳도 아니고 해서 학파의 문을 두드린 거죠.”

“적응하기가 어렵지는 않았나 봐요?”

“쉽지 않았죠. 하지만 그건 당연한 거예요. 제가 놀던 세계와 전혀 딴판이었으니까. 그런데 새로운 풍습이란 게 그렇더라고요. 처음 접할 때는 굉장히 충격적이고 놀랍지만 시간이 지나면 언제 그랬냐는 듯이 익숙해져요. 자주 드나들고 시간이 쌓이면 적응될 거라고 믿으며 기다렸어요.”

“참 지혜로웠군요.”

“누구나 알고 있는 지혜에 불과한 거예요. 학파처럼 세상 어느 곳에서도 찾을 수 없는 지혜와는 비교가 안 되죠.”

“이제 와서 보니 그런 평범한 지혜를 학파는 잘 몰랐던 것 같아요. 세상이 다 아는 건 모르고, 세상이 다 모르는 건 알죠. 그럼 비긴 거네요. 학파가 꼭 최고라고 할 수는 없죠. 당신이 이렇게 잘 적응한 게 그 증거 아닌가요?”

“글쎄요. 제 경우 행운이 따랐어요. 저는 평소 수에 굉장히 능숙

했어요."

"맞아요. 계산을 아주 잘하더군요. 음식이나 술값, 숙박비 등을 척척 계산해 내는 걸 보고서 얼마나 놀랐다고요."

"상인이었던 데다가, 수 자체를 좋아하거든요. 그 점이 행운이었죠. 학파에서는 수를 굉장히 중요하게 다루잖아요."

"하지만 학파에서는 보통 사람이 사용하는 계산 같은 걸 전혀 다루지 않잖아요. 그런 건 실용적이라고 해서 수학으로 쳐 주지도 않아요. 그런 건 학문이 아니라 기술인 거죠. 신발 만들고, 악기 만드는 것과 똑같은 거예요. 땅의 기술이지 하늘의 지혜가 아니라고요. 학문이란 모름지기 하늘을 탐구해야 한다고 스승께서는 말씀하셨죠."

학파는 수를 중요시했다. 콩을 먹지 않게 된 이유도 콩을 수로 생각하기 때문이라는 말까지 돌았다. 하지만 학파에서의 수란 일상의 수와는 달랐다. 그걸 알고 있기에 멜리사는 물었던 거였다.

"맞아요. 학파에서는 계산을 전혀 다루지 않죠. 그래서 저는 맘에 들어요. 그런 건 저도 충분히 할 수 있거든요. 학파는 제가 전혀 할 수 없는 것들을 다루기에 저는 더 구미가 당겨요. 새로운 걸 배우며, 제 자신을 점점 더 키울 수 있으니까요."

"학파에서 배우는 수를 어떻게 느꼈나요?"

"학파에서 수란 철학적이더군요. 수를 통해서 세상을 내다보고 설명하잖아요. 일상적이라기보다는 일상을 넘어선 또 다른 나라의 언어 같더군요. 수가 그렇게도 쓰일 수 있다는 걸 보고서 얼마나 감탄했는지 몰라요. 그러면서도 무척 다행스러웠죠. 그런 언어가 수였으니까요. 내가 좋아하는 수였으니까."

"모양만 같을 뿐 모든 게 다른데도 다행이었다는 건가요?"

"그럼요. 수를 좋아해서인지 새로운 단어나 이론이 신비하게만 여겨지던 걸요. 야! 수에 이런 게 있었구나. 내가 왜 이런 걸 한 번도 생각해 보지 않았을까? 이런 후회를 하면서 즐겁게 배웠지요. 수를 이렇게 사용하는 건 학파뿐일걸요. 그래도 이런저런 말이 많아 헷갈리기는 했어요. 짝수, 홀수, 약수, 배수, 소수, 부족수, 과잉수, 완전수, 유리수, 무리수 등 무슨 수라는 게 많잖아요."[5]

"수를 가지고 복잡하고 다양한 세상을 설명하려니까 그렇게 된 거죠. 수에 대한 성질을 많이 알수록 세상을 잘 설명하게 되잖아요. 그런 말을 전부 학파에서 만들어 낸 거예요."

"동감이에요. 세상이란 게 보면 볼수록 오묘하고 복잡한데 뭉뚱그려서 하나만으로 설명한다는 건 너무 단순하단 생각이에요. 저는 그렇게 세세하게 분류하고 설명하는 게 옳다고 생각해요. 제가 본 세상만 하더라도 색깔이 다양했거든요. 학파에는 평균의 종류가 참 많아요. 다 더한 후 개수만큼 나누는 단순한 평균 말고도 기하 평균, 조화 평균 등 모두 10개나 되지요. 세상 사람들은 그런 걸 알지도 못할뿐더러 알더라도 필요 없는 짓을 왜 하냐고 그랬을 거예요."

"세상 사람만 그런 게 아니에요. 저도 그렇거든요. 다른 동료들도 종종 그렇게 얘기하는 걸 들었어요. 지루하다고 했죠."

"그런 게 재미있지는 않죠. 하지만 잘 생각해 보면 지루하게 생각한다는 건 그만큼 경험의 한계를 벗어나지 못한다는 증거예요. 경험을 따라 공부할 뿐 경험 이상의 세계를 보지 못하는 거예요."

"무슨 말씀이세요?"

"일반적인 평균은 대부분 잘 받아들이고 습득해요. 우리 일상에서 자주 접하기 때문이죠. 하지만 나머지 평균 같은 경우는 경험을 넘어서지요. 지루하게 보일 수 있어요. 하지만 그런 지식이 때로는 우리의 한계를 넘어서게 해 주는 경우가 있어요. 적어도 다른 세계가 있을 수 있다는 가능성만이라도 알려 주죠."

"그런 생각을 어떻게 한 거죠?"

"여행 덕이죠. 새로운 세상이 얼마든지 가능한 것처럼 새로운 지식도 가능하다는 걸 깨달았죠."

멜리사는 가르니논이 달리 보였다. 가르니논은 장사치에 불과한 사람이었다. 이익을 추구한다는 것 때문에 지탄받는 부류에 속한다. 이익을 추구한다는 건 자기의 삶이 안정되지 못했기 때문이거나 더 많은 돈을 벌려고 하기 때문이다. 둘 다 이상적인 삶은 아니었다. 이상에 다다르지 못한 부족한 상태이거나 비정상적인 상태라는 거다. 그러나 가르니논은 굉장히 철학적이었다.

가르니논에게 삶이란 그의 세계를 넓혀 가는 것이었다. 그는 이미 세상이 자신의 잣대를 가지고 함부로 판단할 만큼 좁지도, 단순하지도 않다는 걸 깨달았다. 그는 그런 한계를 넘어서는 뭔가를 찾고 있었다. 그에게 삶은 여행이었고, 세상은 그의 여행지였다. 그에게는 여행자로서의 좋은 마음가짐이 있었다. 학파 동료에게서 찾아보기 힘든 태도였다.

학파도 가르니논에게는 하나의 새로운 여행지였다. 또 하나의 세계였지, 이 세계를 넘어선 완전한 세계는 아니었다. 이런 태도 또한 여느 동료들과 달랐다. 그들은 학파에 대한 밑도 끝도 없는 신뢰를 갖고 있었다. 학파가 소유한 지식에 이 세상의 모든 것이 담겨 있다고 믿었다. 고로 세상을 굳이 더 여행하려 하지 않았다. 그런 믿음이 온전한 것일까? 근거 없는 성급한 믿음, 어린아이 같은 순진한 생각이 아닐까? 멜리사는 가르니논의 앞날에 신의 가호가 함께하기를 빌었다.

"가르니논은 꼭 학파를 만나야 할 사람이었군요. 운명 같아요."

"저도 그렇게 생각한답니다. 그래도 걱정되는 게 많아요. 앞으로 잘해 갈 수 있을지 의문이네요. 대부분 귀족 출신으로 어려서부터 공부한 분들이라……."

"무슨 말씀이세요? 어느 제자 못지않게 사려 깊고 예리하시던데. 학파에서는 출신 성분을 따지지 않아요. 자신을 얼마나 닦느냐가 중요한 거죠. 주눅들 필요 없어요. 누구보다 잘할 수 있을 거예요."

"정말요?"

"그럼요, 빈말이 아니에요. 비밀 하나 말씀 드릴게요. 학파의 다른 동료들을 두려워할 필요가 없어요. 왜 그런지 아세요? 그들은 가르니논처럼 학파의 가치와 필요성을 절감하지 못해요. 운명적인 만남이랄 정도의 강렬함이 없어요. 열심히 하지도 못할 뿐더러, 열심히 하더라도 앵무새마냥 흉내 내는 정도죠. 진지함과 열정이 없어요. 날이 무뎌서 예리하게 파고들지도 못해요."

으쓱해지며 기분이 좋았다. 멜리사가 칭찬해 주고 기대감을 표현해 주다니. 꿈같은 순간이었다. 역시 학파의 여제자답다는 생각이 들었다.

가까이에서 지켜본 여제자는 기대 이상이었다. 히테아노는 웬만한 남자 이상으로 똑똑하고 지적이었다. 학파에 대한 절대적인 신념을 간직하고 있었다. 그녀만의 시선으로 학파와 세상을 바라보면서 하나의 문제에 집중할 줄 알았다. 멜리사는 사람의 맘을 어루만져 주면서 품을 줄 알았다. 적절한 조언과 충고를 통해 자신감을 갖게 해주었다. 그런 면모가 가르니논의 맘을 강하게 끌었다. 그녀의 아름다움은 학파를 통해 한층 성숙해졌다.

치료받는 곳에 이르렀다. 가르니논은 멜리사를 안으로 들여보낸 후

밖에서 기다렸다. 멜리사가 이야기할 때의 표정이 생생하게 되살아났다. 그녀의 건강이 회복되기를 간절히 빌었다.

여관에 온 지 며칠 지나서부터 가르니논은 멜리사가 치료받도록 조치를 취했다. 티미카에게 멜리사의 병을 이야기했더니 여관에서 조금 떨어진 곳에 치료를 꽤 잘하는 사람이 있다고 알려 줬다. 그녀 혼자 가는 건 불가능했다. 누군가 동행해야 했다. 같은 여자인 히테아노가 편하기는 했지만 낯선 동네, 그것도 학파와 무관한 곳이어서 모두가 반대했다. 남자이어야 했다. 동료들은 가르니논이 가장 적합하다며 입을 모았다. 매일 오후 가르니논은 멜리사의 치료 길에 동행했다.

처음 두 사람은 어색했다. 동료보다는 남녀라는 점이 부각돼서 그랬다. 가르니논이 더 어쩔 줄 몰랐다. 멜리사를 마주보지도 못했다. 가슴이 저절로 뛰었다. 진리를 탐구할 때의 두근거림과는 달랐다. 두근거리는 소리가 멜리사에게 들릴 것 같아 가슴을 움켜쥐기도 했다.

치료를 받고 나온 멜리사의 표정이 밝지 않았다. 어지러워했다. 치료사의 치료법은 주술적인 성격이 아주 강했다. 멜리사에게 치명적인 외상이 있는 건 아니었다. 그랬더라면 치료가 더 쉬웠을 것이다. 아픈 부위와 증상에 따라 쓸 만한 치료법은 많았다. 그녀는 특정 부위가 아픈 게 아니라 모든 게 아픈 거였다. 기운은 빠져 가고, 얼굴색도 갈수록 좋지 않았다.

여관까지 돌아가는 길에 멜리사는 말이 없었다. 토할 것 같다며 말을 삼갔다. 가르니논은 말을 시키지 않고 그녀의 속도에 맞춰 동행했다. 발걸음이 불안했다. 그녀의 집으로 돌아가는 것만이 그녀를 회복시켜 줄 거라는 직감이 들었다. 그녀에게 필요한 것은 약과 치료법이 아니라 맘 놓고 쉴 수 있는 안식처였다. 여관 생활을 빨리 마무리해야 했다.

그런 생각에 빠져 있을 때 그녀의 발걸음이 휘청했다. 가르니논은 얼른 그녀의 손을 붙잡고 허리를 감싸 안았다. 그녀의 마음만큼이나 부드러운 살결이 손에 잡혔다. 그녀는 뿌리치지 않고 도움을 받았다. 그는 그녀 앞에 무릎을 꿇고 등을 내밀었다. 그녀는 몸을 숙여 그의 등에 업혔다. 아무 말 없이 쉬지 않고 걸었다. 여관에 닿자마자 그녀를 쉬게 했다.

[5] 수의 종류

짝수: 2로 나눠떨어지는 수. 예) 2, 4, 6, 8, …

홀수: 2로 나눌 때 나머지가 1이 되는 수. 예)1, 3, 5, 7, …

약수: 어떤 수를 나눠떨어지게 하는 수. 예) 12의 약수는 1, 2, 3, 4, 6, 12

배수: 어떤 수를 몇 배 하면 나오는 수. 예) 3의 배수는 3, 6, 9, 12, 15, …

소수: 1과 자기 자신만을 약수로 갖는 수. 예) 2, 3, 5, 7, 11, 13, …

부족수: 자기 자신을 제외한 약수의 합이 자기 자신보다 작은 수.
　　　　예) 8. 8의 약수는 1, 2, 4, 8인데 1+2+4=7〈8

과잉수: 자기 자신을 제외한 약수의 합이 자기 자신보다 큰 수.
　　　　예) 12. 12의 약수는 1, 2, 3, 4, 6, 12인데 1+2+3+4+6=16〉12

완전수: 자기 자신을 제외한 약수의 합이 자기 자신과 같은 수.
　　　　예) 6. 6의 약수는 1, 2, 3, 6인데 1+2+3=6

유리수: 정수의 비율로 나타낼 수 있는 수로 유비수라고 하는 게 적절하다.
　　　　정수와 분수가 해당된다. 예) 2/3, −5/7, ……

무리수: 정수의 비율로 나타낼 수 없는 수로 무비수라고 하는 게 적절하다.
　　　　유리수가 아닌 모든 수를 뜻한다. 예) $\sqrt{2}$. $-\sqrt{3}+1$, π,

서서히 붕괴되는 공동체

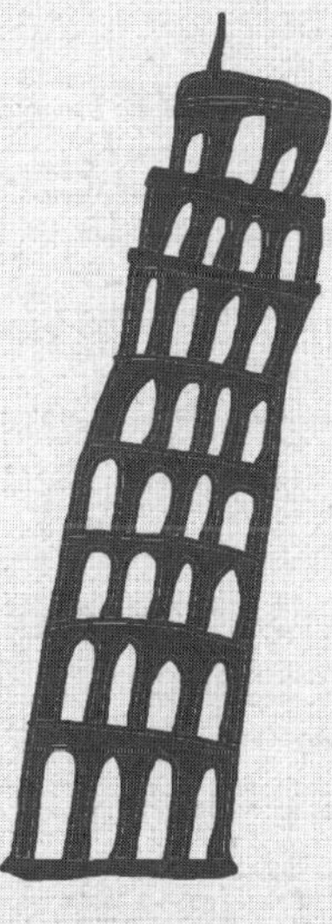

옷을 벗었다. 땅거미가 찾아오는 무렵이면 늘 하던 의식이었다. 몸과 맘을 닦고 하루를 정리하는 시간이었다. 벗은 몸이 눈에 들어왔다. 피부는 하얗고 매끈했다. 팔과 다리, 배, 가슴을 천천히 주시하며 손으로 만졌다. 약간 마르기는 했지만 군더더기 없는 몸매였다. 채식과 주기적인 운동, 수련으로 다진 몸이었다.

카리프톤은 자신의 몸을 매만지며 이런저런 상념에 사로잡혔다. 대야에 담아 놓은 물에 자신의 얼굴이 흔들거렸다. 수심 가득한 얼굴이 기괴한 형상으로 변형되어 보였지만 웃음이 나오지 않았다. 그게 자신의 처지 같았다. 머리에서부터 몸 구석구석 물을 끼얹으며 정신을 일깨웠다. 물속의 내 모습처럼 흔들려서는 안 된다고 다짐하며 물속에 머리를 담가 일그러진 형상을 흩어 버렸다. 눈을 감았다. 목욕을 서둘러 마치고 저녁 식사를 하러 갔다.

오늘 저녁 모임은 여관 근처의 조용한 숲에서 하기로 했다. 방은 답답하다며 야외에서 하자며 아르키포스가 그리 결정했다. 오후 산책 때 늘 모이던 곳이었다. 혼자서 여관을 빠져나와 숲으로 향하는 길을 천천히 걸었다. 이젠 익숙해진 길이었다. 답답한 맘에 달리기 시작했다. 숨이 가빠지고 열기가 오르며 기분이 좋아졌다. 기분에 취해 달리다 돌부리에 걸려 넘어질 뻔했다. 좀 더 조심해야겠다 싶어서 다시 걸었다.

"아르키포스, 가르니논의 이야기가 모두 사실인가요?"

카리프톤은 짧고 강하게 물었다. 꼭 확인해 보고 싶다는 의도가 짙게 깔려 있었다. 아르키포스는 아무 말도 하지 않았다. 그의 침묵은 가르니논의 이야기를 부인하지 않는 것이었고, 그건 사실로 인정한다는 뜻이었다.

"그러면 그런 분위기가 언제부터 생긴 거였어요? 예전부터 그런 무리가 항상 있었나요? 아르키포스!"

다시 한 번 짧고 강한 톤이었다. 취조하듯이 물었다.

"그렇지 않았어요. 이런 분위기는 최근 몇 년 사이에 만들어졌어요. 그렇다고 쭉 우호적이었다는 뜻은 아니에요. 때에 따라서 조금씩 달랐죠."

"그 이야기를 좀 해 주세요. 오늘의 현실을 이해하는 데 많은 도움이 될 것 같아요."

카리프톤은 이야기를 과거로 돌려놓았다. 아르키포스는 질문을 이해하고서 과거 이야기를 풀어 나갔다.

"20여 년 전 제가 학파에 왔을 때 학파의 규모는 30명 정도였어요. 지금에 비하면 훨씬 작았죠. 분위기나 생활 패턴도 많이 달랐어요. 하루 일과도 지금처럼 꼼꼼하게 짜여 있지 않았고, 규율도 엄격하지 않았죠.

우리는 거의 모든 것을 스승과 함께했어요. 같이 먹고 자면서 공부에 전념했지요. 스승과 함께 연구하고 토론했는데 참으로 즐거운 시간이었어요. 토론이 늦어져 식사를 제때 못하는 경우가 많았어요. 뒤늦은 식사를 할 때면 허겁지겁 맛있게 먹었죠. 무더운 날씨에는 수영을 같이 하기도 했고."

"스승님과 함께 수영을 했다고요?"

믿을 수 없다는 표정으로 리시스가 물었다.

"그럼요. 옷 다 벗고 함께 놀았어요. 수영 후 코를 골며 함께 자기도 했고, 방귀 소리를 들을 때도 있었죠. 스승님께서 가끔씩 제자들의 몸을 손수 닦아 주시면서 수련에 정진하라는 당부를 하셨어요. 그때 참 행복했어요. 스승과 제자가 똘똘 뭉쳐서 학파를 건설해 갔죠. 공부하는 즐거움, 깨닫는 짜릿함이 가득했어요. 새로운 지식이 쏟아져 나와 언제나 활기 있고, 생동감이 넘쳤죠."

"아, 정말 좋았겠다. 제 소원 중 하나가 스승님과 단 둘이서 산책하며 이야기를 나눠 보는 거예요. 저번에 화장실에서 스승님과 저 딱 둘만 있던 적이 있었어요. 떨려서 소변도 제대로 못 봤어요. 일 보시는데 말 걸기 애매해서 고개로 인사만 드렸죠. 그것만으로도 얼마나 행복했는지 몰라요. 그런데 밥도 같이 먹고, 수영도 하셨다니 정말 좋았겠다. 나라면 얼른 왔겠다.”

리시스가 입을 활짝 벌리며 부럽다는 표정으로 말했다.

“리시스라면 만사 제쳐 두고 왔겠지만 당시 사람들은 그렇게 몰려들지 않았어요. 학파가 그리 유명하지도 않았고, 학파에 입문하려면 많은 부담을 각오해야 했죠. 재산을 헌납하고 공동체 생활을 해야 하잖아요. 지금은 명성이 있어서 결단 내리기가 쉽죠. 외부 청강생으로 올 수도 있고. 그때는 그게 아예 없었어요.

그때는 주로 지인을 중심으로 알음알음 모여 들었어요. 버릴 건 많고, 보장되는 건 없던 판이어서 생판 모르는 사람이 오기는 쉽지 않았죠.”

“아르키포스도 그렇게 왔나요?”

“네, 저의 친척이 소개해 주셨어요. 제가 공부 좋아한다는 걸 아시고는, 공부를 제대로 하려거든 그리 가 보라고 하셨어요. 여행도 할 겸 와 봤고, 며칠 묵으면서 생활했죠. 강렬한 흡입력이 저를 마법처럼 빨아들였어요. 저는 쉽게 결정했죠.”

“그럼 언제 학파가 지금처럼 바뀌었나요? 무슨 사건이라도 있었나요?”

“학파가 서서히 달라진 건 제가 온 지 몇 년이 지나서였어요. 결정적인 사건이 있었죠. 이 사건을 계기로 학파는 유명해졌어요. 특히 학자들 사이에서요."

"스승께서 대단한 기적이라도 행하셨나요? 한 번에 여러 곳에 나타나셨다거나, 아폴론 신의 계시를 받으셨다거나."

"하하하. 리시스에게는 그런 일들이 대단하게 여겨졌나 보군요. 하지만 그런 건 부수적인 것에 지나지 않아요. 그 사건이란 바로 피타고라스의 정리를 세상에 발표한 거였어요.

이 사건은 대단한 파장을 일으켰어요. 학파를 그리스 지식 세계의 최고봉으로 올려놓았어요. 이 일은 입에서 입으로 퍼져 갔고, 이 정리에 매료된 사람들이 학파를 찾기 시작했어요. 학파의 기존 제자와 아무 연고 없던 이들이 제 발로 찾아온 거예요."

"사람들이 갑자기 불어나 잠자리나 강의실이 비좁았겠네요? 쫓아낼 수도 없었을 테고."

"맞아요. 공부하러 오겠다는 사람을 돌려보낼 수는 없었죠. 애타게 찾아온 사람들이니 힘들더라도 같이 지냈어요. 불편한 건 시설만이 아니었어요. 외부인의 출입이 잦아지면서 생활 방식에도 변화가 필요했지요. 우선 학파의 하루 일정이나 행사 계획을 미리 잡았어요. 외부인이 특히 요구했죠. 그때그때 일정을 잡는 바람에 참여하지 못하는 사람이 종종 생기자 그들은 불만을 터뜨렸죠.

그리고 공동체 유지를 위해 일을 분담해야 했어요. 식당, 강의실,

숙소 등의 시설물 관리부터 스승님의 일정과 건강에 이르기까지 세세하게 관리했죠. 모든 일에 스승이 관여할 수 없어서 수제자의 역할이 많아졌어요. 여러 직분과 위계질서가 잡힌 거죠. 외부 청강생 제도도 생겼어요. 시설 부족으로 사람을 수용하기 어려운 점도 있었지만 강의만 듣고 싶어 하는 사람이 많았죠. 스승은 깊이 고민하신 후 그 제도를 만드셨어요."

"그렇게 결정한 이유가 뭐예요?"

"결정이라기보다는 선택이라는 게 맞아요. 예전의 방식을 고수할 것인가 아니면 세상을 끌어안을 새로운 방식을 만들어 살 것인가? 거기서 새로운 방식을 선택한 거죠. 세상의 주목을 받게 되면서 적극적으로 대처하는 걸 택하셨어요. 외부 청강생 제도는 학파가 외부에 영향력을 끼치는 데 엄청난 역할을 하게 됐어요. 많은 사람이 스승의 말씀을 듣고, 그 말씀을 외부에 전파했죠. 스승이 직접 돌아다니지 않더라도 학파의 이름은 그들을 따라 퍼져 나갔어요.

하지만 부작용도 있었어요. 학파의 지식을 쉽게 접하면서 사람들은 지식의 소중함을 몰랐어요. 오랜 연구의 성과물을 대수롭지 않게 여기기도 했어요. 제대로 알지 못한 채 어설픈 지식을 전해 스승의 명예에 먹칠하는 경우도 발생했지요. 그래서 우리는 외부 청강생에게는 일반 지식만을 전했고, 강의 내용도 적어 가지 못하게 했어요.

침묵 수행도 그런 맥락에서 만들어졌어요. 어떤 사람들은 학파에 대해 함부로 이야기했어요. 수련 없이 머리로만 공부하다 보니 그렇게 된 거죠. 침묵 수행은 진정한 제자가 되기 위한 첫 출발점이에요. 침묵을 통해 말보다는 행동을, 자기보다는 학파를, 비판보다는 인내와 성찰을 배우라는 거죠."

20여 년 전 학파의 이야기는 참 생소했다. 카리프톤이 왔을 때는 지금 모습과 거의 다르지 않았다. 규모 면에서만 차이가 있었을 뿐 학파의 생활 방식은 지금과 거의 비슷했다. 카리프톤은 스승이 처음부터 그렇게 운영하신 줄 알았다. 그것이 스승이 젊을 때부터 스스로를 단련한 방법이고, 그 방법대로 제자를 길러낸 것이라 여겼다. 하지만 그건 학파의 성장 과정에서 고안된 것이라니. 가장 큰 충격은 스승의 인간적인 면모에 관한 이야기였다.

　학파에서 스승은 보통 사람과 다른 대접을 받았다. 명성에 걸맞게 그는 제자와 뚜렷하게 구별됐다. 스승만의 집이 있었고, 강의실에는 그만 앉을 수 있는 자리가 있었으며, 음식이나 옷도 마찬가지였다. 제자의 복장은 거의 비슷했으며, 수제자라고 하더라도 약간의 표시만 있을 뿐이었다.

　스승이 제자와 격이 다르다는 것은 그만 결혼했다는 데서 확인된다. 공동체에서 결혼하여 가정을 이룬 이는 스승뿐이었다. 그는 여자 제자 중 나이가 많이 어렸던 테아노와 결혼했다. 그녀는 제자의 딸이었고, 학파의 제자이기도 했다. 그 어떤 제자도, 수제자라 할지라도 결혼한 채 학파에 머물지는 않았다.

스승은 결혼이나 성행위를 장려하지 않았다. 절제를 통해 몸을 다스려야 하는데 방해되기 때문이다. 성행위는 건강에도 좋지 않다고 했다. 성욕은 인간에게 가장 본능적이며 강력한 욕구이다. 육체적 욕망이 자연스러운 것이기는 하나, 그 욕망을 장려할 수는 없었다. 스승은 그 욕망을 다스릴 수 있는 방법까지 가르쳤다. 금하지 않았지만 어쩔 수 없는 경우나 다스릴 수 없는 경우에만 누리라고 했다. 모든 제자는 스승의 말씀을 따랐다.

누구도 스승의 결혼을 문제 삼지 않았다. 스승은 성욕 따위에 갇힐 영혼이 아니었다. 다스릴 수 있는 존재였기에 그의 말씀을 스스로 어긴 게 아니었다. 제자들은 수련하여 스승처럼 완전한 결혼을 이루겠다고 다짐했다. 카리프톤 역시 그랬다. 그러면서 자신을 많이 한탄했다. 결코 다스리지 못했기 때문이다.

카리프톤의 머리가 복잡해졌다. 스승에 대한 회의가 일었다. 그대로 넘어갈 수 없었다. 스승의 결혼에도 뭔가 사연이 있을 것만 같았다.

"아르키포스, 잠시만요. 좀 혼란스럽군요. 저는 스승을 거의 신적인 존재로 생각했었어요. 학파의 문화나 방식은 신들이 살아가는 모습을 그대로 본떠서 옮겨 놓은 거라고 여겼고요. 그런데 아르키포스의 이야기는 그게 아니라는 거잖아요. 지금의 학파는 스승뿐만 아니라 제자, 심지어는 외부인까지 합세해서 형성된 거였네요. 맞죠?"

"그래요."

"그리고…… 스승께서 어찌 제자와 토론할 수가 있죠? 스승은 신적인 존재인데 제자와 공동으로 연구하고 토론할 필요가 있나요? 제자는 그저 스승이 주시는 말씀을 온전히 받아들이고 따르기만 하면 되는 거 아니었나요?

학파가 일반적인 역사와 다른 게 뭐죠? 세상과 보조를 맞추면서 하나씩 형성된 학파라면 똑같은 거잖아요. 저는 학파가 신과 인간의 세계를 잇는 유일한 통로라고 생각했어요. 인간적인 것과는 비교될 수 없는 그런 세계! 그런데 그게 아니네요. 혼자서 착각했군요."

"카리프톤. 신의 세계라고 해서 한꺼번에 이루어진 것은 아니에요. 신의 세계에도 역사가 있고, 변화가 있어요. 변하지 않는 것은 없죠. 우리는 이 땅 위에서 신의 세계를 만들어 가고 있는 거예요."

"그런데 왜 학파가 완전한 신의 세계라고 철통 같이 믿게 만드셨어요? 그렇게 믿고 따라왔는데…… 내가 멍청했군요."

카리프톤은 자신이 한심스러웠다. 어찌 그렇게 순진한 믿음을 가지고 학파를 따랐는지 믿기 어려웠다. 자신이 알고 있는 학파가 실제의 학파와 얼마나 일치하는지 확신할 수 없었다. 어디까지가 맞고, 어디까지가 틀린 건지 분별하기 어려웠다.

“그럼 한 가지 더 여쭤 볼게요. 디오니소스 종파와 오르페우스 종파, 그들은 누구며 우리와 무슨 관계가 있는 거죠?”

카리프톤은 그 이야기를 꺼내고야 말았다. 그때 경험을 잊을 수 없었다. 그런 의식에 그렇게 쉽게 끌렸다는 게 창피했다. 그래서 그 이야기를 한 번도 입 밖에 내지 않고 속병을 앓았다. 틈날 때마다 그 경험을 되새겼기에 그 기억은 어제처럼 또렷했다. 가르니논도 옳거니 하면서 함께 물었다.

“저도 묻고 싶은 게 있어요. 저는 학파에 반대하는 무리들로부터 별 희한한 이야기를 들었어요. 그들은 사람들이 학파에 빠지지 않도록 온갖 비판을 해 댔죠. 정확한 건지, 근거가 있는 건지는 확인할 길이 없어요.

피타고라스의 정리가 스승의 업적이라고 하셨잖아요. 하지만 다른 이야기도 있어요. 그게 피타고라스의 발견이 아니다. 다른 지역에서 이미 알고 있던 것이다. 제자와 함께 연구했던 것을 피타고라스가 가로챈 거다 등등. 영혼에 관한 이야기도 피타고라스 이전에 이미 있었고, 스승은 그걸 배운 것에 불과하다고 하더군요. 스승의 주장이 거짓말이라는 거죠.

디오니소스 종파와 오르페우스 종파! 비슷한 주장이지만 그들은 서로를 잘 모르고 있었어요. 우리가 그들을 모르고 있던 것처럼. 정말 스승께서 그들로부터 배운 건 아닌가요? 솔직하게 아는 대로 말

쓸해 주세요."

난감한 질문이었다. 아르키포스도 그 종파의 이름을 처음 들은 건 아니었다. 그걸 말해야 할지 고민스러웠다. 눈치 빠른 가르니논이 그걸 알아챘는지 뭔가 있는 것 같다며 말해 보라고 보챘다. 거짓말에 서투른 게 못내 아쉬웠다.

"휴우~ 참 어렵군요. 사실과 진실은 다르다는데, 뭐가 진실인지 알 수 없으니 어찌 해야 할지 모르겠어요."

"그럴 땐 그냥 사실만을 말하는 거예요. 어서 말씀해 보세요."

가르니논은 사람의 틈을 잘 파고들었다. 살살 달래며 사람을 요리할 줄 알았다.

"좋아요, 말하죠. 사실은 그 종파에 대해 예전에 들은 적이 있어요. 학파에 와서 논쟁을 벌인 다른 집단으로부터 들었어요.

우리 학파에서 가끔씩 우리와 다른 입장을 가진 학파와 논쟁이 벌어진다는 거 알죠? 강의를 들은 학생이 제자 그룹이나 스승과 토론을 벌이는 경우도 있고, 우리와 겨뤄 볼 심산으로 작정하고 오는 경우도 있어요. 피타고라스의 정리 발표 이후 우리 공동체는 지적 세계의 선두 주자로 부상했어요. 그래서 이런저런 집단들로부터 많은 도전을 받았죠. 사람들이 최고로 치는 집단인데다, 사람들이 많이 몰리는 곳이므로 우리를 누르기만 한다면 확실하게 인정받을 수 있잖아요.

논쟁은 언제나 격렬했어요. 아는 지식이 총동원되고, 별별 논리가 등장하죠. 지적 전쟁이랄 수 있어요. 우리 학파의 약점이라거나 모순이 있다고 여기는 주장에 대한 공격이 사정없이 쏟아지죠.

엘레아학파라고 들어보셨죠? 크로톤에서 조금 떨어져 있는 엘레아에서 시작된 학파예요. 파르메니데스나 크세노파네스가 시조라고 해요. 그 학파는 변화란 없다, 세상에는 단 하나의 존재만 있다, 신은 우리의 신화처럼 인간적인 모습이 아니다 등등. 조금 이상한 주장을 하고 돌아다녀요."

"에게, 변화가 없다고요? 그럼 시간이 흘러가는 건 뭐고, 우리가 움직이면서 돌아다니는 건 뭐래요? 그들은 눈도 귀도 없나 봐요. 변하지 않는 것은 하나도 없다는 말이 있을 정도로 세상이 변한다는 건 삼척동자도 다 아는 사실 아닌가! 괴짜들이네요."

리시스가 비웃으며 말했다.

"저도 동의해요. 말도 안 되는 궤변이죠. 그런 궤변에도 사람이 모이긴 모이나 봐요. 나름대로 집단을 이루어 살아가는 거 보면."

"그런 이상한 집단마저 우리를 공격하러 왔다는 건가요? 재미있었겠네. 뭐라고 하던가요?"

"구체적인 이야기는 잘 기억나지 않아요. 하도 이상한 이야기여서 듣고는 그냥 웃어 넘겼죠. 그래도 기억나는 건 우리의 수 체계에 관한 거였어요.

우리에게는 자연수와 분수가 있어요. 그걸로 어떤 길이든 측정할 수 있죠. 아무리 큰 길이도, 아무리 짧은 길이도 가능해요. 수는 무한히 작게 쪼갤 수도 있고, 무한히 크게 늘릴 수도 있으니까.

엘레아학파는 세상에는 하나의 존재밖에 없는데 어떻게 쪼갤 수 있냐고 하더군요. 수 때문에 사람들은 그게 가능하다고 생각하게 된 게 문제래요. 그럼 수가 없는 거냐고 따졌어요. 그랬더니 수는 존재하지만, 수와 이 세상은 아무 상관이 없대요. 세상을 수로써 설명하려는 우리의 입장 자체에 심각한 문제가 있다고 비판하더군요.”

“그들은 눈뜬 봉사래요? 말 같지도 않은 말이로군요. 그런데 그들과 두 종파 이야기가 무슨 상관이 있죠?”

“아, 그 이야기를 하려고 했었죠. 그렇게 희한하게 주장하고 스승과 우리를 비판하면서 이런 이야기를 하더군요. 스승보고 디오니소스 종파와 오르페우스 종파의 아류가 아니냐는 거예요. 주장도 비슷할뿐더러 스승께서 그곳에서 생활한 적이 있다고 증언하는 사람이 있다고 했어요.

그들은 두 종파를 예로 들면서 스승의 가르침이 독창적이지 않다고 했어요. 두 종파는 학파보다 오래됐기에 스승께서 충분히 들었을 법하다면서. 그런데도 스승의 독특한 가르침인 양 거짓말을 한다고까지 했죠. 이곳저곳의 가르침을 끌어다가 적절하게 조합한 거 아니냐고.”

"스승께서는 그런 비난을 듣고만 계셨나요?"

화가 치밀어 오른 리시스가 말을 가로채며 되물었다.

"스승은 이렇다 할 반박을 하지 않으셨어요. 살짝 웃고만 계셨지요. 너무 어이없어서 가만 계셨던 거죠."

"어이없어 가만 계신 거라고요? 그들의 말이 일리 있어서 가만 계셨던 건 아닐까요? 그들의 주장이 맞기 때문에 반박하지 않으셨을 수도 있잖아요?"

카리프톤은 아르키포스에게 대드는 듯한 투로 소리를 질렀다. 덤덤한 투로 말하던 아르키포스가 깜짝 놀랐다. 넘넘하게 아르키포스의 말을 듣고 있던 동료들 역시 함께 놀랐다.

"평상시 스승의 태도를 생각해 보세요. 뭔가 틀렸거나 잘못된 걸 보신 스승께서 그냥 넘어간 적 있나요? 주장에 오류가 있을 때 못 본 척 넘어가신 적 있나요? 스승께선 바로바로 지적하고 반박하셨잖아요. 그런 스승이 왜 다른 학파와의 논쟁에서 입 다물고 가만 계셨겠어요? 어이가 없으셨다면 더 적극적으로 반박하셨겠죠. 반박할 게 없으니 조용히 계셨던 거죠."

카리프톤 스스로도 자신의 질문에 놀랐다. 그건 스승을 정면으로 겨눈 질문으로, 학파의 계율을 깬 것이다.

학파에서는 모든 질문이 가능하다. 영혼이 자유롭듯 탐구 또한 자유로워야 했다. 하지만 넘지 말아야 할 선이 있었다. 스승에 대한 것과 스승이 말해서는 안 된다고 지정해 놓은 것들을 다룰 수는 없었다. 카리프톤은 지금 그 금기를 깼다. 그건 도전이었다. 스승의 계율을 무조건 따르던 카리프톤이었기에 놀라움은 더 컸다.

"카리프톤, 지금 선을 넘은 거 아세요? 여기가 학파가 아니라고 막말을 하는 건가요? 물을 걸 물어야죠."

아르키포스는 단호하게 카리프톤의 질문을 막고 나섰다. 학파에서 보던 수제자의 면모가 되살아났다. 스승을 대변하고, 학파를 옹호할 때의 강직한 모습 그대로였다. 갑자기 변해 버린 분위기에 동료들은 어쩔 줄 몰라 했다. 선뜻 나서지 못하고 바라보고만 있었다.

"아르키포스, 왜 물을 수 없는 건가요? 스승에 대한 거라서요?"

"물론이죠. 카리프톤은 스승이 거짓말을 했다고 의심하는 거잖아요. 말이 되나요? 그건 제자의 예가 아니죠. 그건 소인배의 배은망덕한 짓이에요. 달면 삼키고, 쓰면 뱉어 내는……."

"배은망덕…… 소인배……. 질문 하나에 그런 놈이 돼 버리는군요. 내가 뭘 했다고 그러세요? 저는 지금 스승 이전의 진실, 즉 진리를 알고 싶은 거예요!"

"스승은 아폴론의 아들이에요. 스승과 진리가 다를 수는 없죠. 스승은 곧 진리고 학파 그 자체예요. 그건 제자 모두가 공유하고 인정하는 믿음이잖아요."

리시스가 가세해 카리프톤을 몰아세웠다.

"내가 제자이기를 거부했다는 건가요? 리시스, 당신이 내게 그런 말할 자격이 있나요? 이제 갓 침묵 수행에 들어간 처지에. 그것도 제대로 수행하지 못한 자가!"

카리프톤은 리시스의 아킬레스건인 침묵 수행을 건드리고야 말았다. 비정상적인 상황이긴 했지만 침묵을 깬 것에 대해 리시스는 두고두고 곤혹스러워했다. 리시스는 얼굴이 벌개졌고, 아무 반박도 하지 않았다. 고개를 푹 떨어뜨린 채 잠시 있더니 자리를 뜨고 말았다. 카리프톤은 치명적인 실수를 저질렀음을 알았다. 하지만 일은 이미 벌어진 뒤였다.

카리프톤은 상대방의 약점을 건드리는 말을 하지 않았다. 하더라도 곧바로 사과했다. 하지만 그는 지금 극도로 흥분해 있었다. 사과하러 리시스를 쫓아가기보다 스승에 대한 의문을 정리하고 싶었다.

"카리프톤! 지금 리시스에게 뭐라고 하신 건가요? 침묵 수행도 제대로 못한 자라고 하셨어요? 그 말이 리시스에게 엄청난 상처가 된다는 건 아시죠? 리시스는 일부러 수행을 깨뜨리지 않았어요. 우리 모두 그걸 인정하고 있는 마당에 꼭 그렇게 말해야 했나요?"

멜리사가 안타깝게 말했다. 카리프톤은 그녀에게 아무런 대꾸도 하지 않았다.

"다른 동료의 아픔을 건드려서 상처와 모욕을 주는 건 동료로서 도리를 저버리는 거예요. 침묵 수행을 깨뜨리는 것보다 더 큰 죄를

짓는 거라고요. 침묵 수행이라는 게 함부로 말하지 말라는 건데, 카리프톤은 방금 그보다 더 엄중한 잘못을 범한 거라고요."

아르키포스가 카리프톤을 꾸짖으며 말했다.

"규율! 규율! 결국 규율만이 중요한 것이로군요. 그 맘 충분히 이해할 수 있어요. 제가 누구보다 그랬으니까요. 하지만 규율이 다는 아닌 것 같네요. 모든 걸 규율만으로 판단할 수 있나요? 저는 지금 흥분했어요, 인정해요. 규율로 보면 말할 상태가 전혀 아니죠. 그런데 제가 왜 이렇게 된 거죠? 제가 왜 스승에 대해서 그런 질문을 던지게 된 거난 말이에요? 그런 건 안중에도 없나요?"

카리프톤은 자신의 입장을 밝히면서 꿋꿋하게 질문을 이어 갔다.

"카리프톤, 오늘은 그만 하죠. 지금은 너무 흥분했어요. 이럴 때일수록 자제할 줄 아는 미덕을 발휘해야죠. 자칫 잘못하다간 다른 동료에게 상처 주기 쉬워요. 그 상처로 인해서 동료 간의 틈이 벌어지고, 공동체가 붕괴되기 시작한다고요. 외부의 적도 있는 상황인데 그래서는 안 되잖아요. 카리프톤도 그걸 원하는 게 아니잖아요?"

"공동체가 붕괴되는 건 저도 원하지 않아요. 하지만 저는 오늘 말해야겠어요. 오늘이 아니라면 다시 말 꺼내기가 어려울 거 같아요. 다시 생각해 볼 경우 늘 그랬던 것처럼 내가 생각이 모자랐다거나, 뭔가 뜻이 있겠지 하며 넘어갈 게 뻔해요."

"이젠 막 나가자는 거로군요? 제자의 도리고, 규율이고, 공동체고 상관없이?"

"그런 뜻은 아니에요. 우린 지금 한가하게 규율이나 논하면서 느긋해할 형편이 아니에요. 외부의 적도 문제지만, 그런 외부의 적을 만들고 키운 건 우리 내부의 탓일 수도 있어요. 공동체의 유지! 이것이 가장 중요했던 거 아닌가요? 그게 첫 번째이고, 그걸 위해 때로는 진실마저도 은폐한 거 아닌가요?"

"진실을 은폐하다니요? 공동체마저 부인하는 겁니까?"

"부인한다고요? 그건 모르겠어요. 저는 다만 그런 의문이 들어요. 심한 배신감이 드는데 왜 그러는지 모르겠어요.

왜 우리 공동체에 관한 이야기를 다른 사람에게 들어야 하죠? 10년 가까이 생활하던 곳에서는 한 번도 듣지 못했던 이야기를 왜 밖에서 들어야 하느냐고요? 게다가 어떤 사람은 알고 있으면서도 숨겨 왔고."

"숨기지 않았어요. 이야기를 할 필요가 없었던 것뿐이에요."

"그러셨겠죠. 공동체의 유지를 위해서! 그렇지 않나요? 사실은 사실대로 이야기해야지 왜 시치미 떼고 왜곡한 거죠? 모든 게 스승께서 처음 하신 거고, 스승의 업적이고, 스승의 말씀이 절대적으로 옳다고만 이야기 하셨잖아요.

기억나시죠? $\sqrt{2}$라는 무리수를 발견했던 사건. 피타고라스의 정리에서 $a=1$, $b=1$일 경우 c가 얼마인가를 찾다가 나온 수예요.

$$a^2+b^2=c^2 \longrightarrow 1^2+1^2=1+1=2=c^2$$

c는 제곱해서 2가 되는 수인데, 우린 그걸 못 찾았어요. 우리가 아는 모든 수인 분수에 그런 수는 없어요. 처음에는 공동체 전체가 달려들어 그 수를 찾으려 했죠. 그러다가 그 수를 찾기 어렵게 되자 스승은 몇 사람을 제외하고는 그 문제를 다루지 말라 하셨어요. 다른 문제도 많으니 거기에만 매달릴 수 없다는 게 이유였어요. 그 문제를 거론하는 제자에게는 징계가 내려지기도 했죠.

생각해 보면 그 일은 굉장히 큰 사건이었어요. 우리의 문제점이 드러난 거였잖아요. 그때 우리는 그걸 인정했어야 했어요. 하지만 우린 그걸 없던 일로 덮어 버렸어요. 스승과 피타고라스의 정리 명성에 금이 가는 걸 원치 않았던 거죠. 진실을 은폐하고 왜곡한 거예요.

우리가 만난 두 종파만 해도 그래요. 두 종파는 우리보다 먼저 시작된 걸로 봐야 해요. 고로 그들과 우리 사이에 유사한 면은 그들이 더 먼저라고 봐야 해요. 스승께서는 모든 지식을 아폴론 신으로부터 받았다고 했어요. 그럼 두 종파는 뭐죠? 그들도 신의 말씀을 받은 건가요? 신이 여러 군데에 메시지를 전해 준 건가요?"

"카리프톤, 그만하세요. 바깥세상 사람들이 하는 말과 다를 바가 없잖아요. 그런 말을 할 거라면 아예 학파를 떠나든지요."

"학파를 떠나라고요? 젊음을 다 바쳐 스승을 따라온 제가 이 정도 이야기도 못 하나요? 이런 이야기를 하면 안 되나요? 제가 그렇게 잘못하고, 스승을 배신한 건가요?"

"……."

"추락한 이카로스! 저는 그게 생각났어요. 태양을 향해 높이 날다 날개가 녹아 추락한. 우리가 그 꼴 아닌가요? 우리는 날개가 녹아 없어지는지도 모르고 앞만 바라보고 날아오른 거죠. 공동체의 유지, 필요해요. 하지만 그 전에 생각해 봐야 할 게 있어요. 우리가 공동체를 찾은 이유! 공동체 입문을 결심한 이유! 그걸 떠올려야 해요. 처음부터 학파가 좋아서, 학파를 지지해서 온 건 아니잖아요.

저는 저의 이유를 잊고 있었어요. 언제부터인가 공동체의 규율만이 전부가 돼 버린 거죠. 이런 모습과 학파의 추락 사이에 깊은 관련이 있어요. 원점에서부터 따져 볼 필요가 있어요. 저는 그렇게 할 겁니다. 안녕히 계세요."

카리프톤은 앉았던 바위에서 일어나 잠시 서 있었다. 동료들을 지그시 쳐다봤다. 그러고는 성큼성큼 걸어 숲을 빠져나갔다. 뒤돌아보지도 않고 망설임도 없었다. 그를 잡는 이도 없었다. 지난 추억이 떠올랐다. 10년의 청춘이 그렇게 짧게, 단 몇 걸음에 사라진다는 게 허망했다.

카리프톤은 솔직하게 이야기하면서 자신이 틀렸음을 지적받고 싶었다. 그게 안 되면 공감이라도 받고 싶었다. 그것마저 욕심이란 생각이 들었다. 얼마나 많은 시간을 함께 보낸 동료인가! 그런데도 그의 답답한 맘을 풀어 놓을 수 없었다. 갈라서야 했다. 싫어서가 아니라 함께하기 어려워서였다. 고민하며 방황하는 평범한 사람의 세계로 발걸음을 돌려야 했다.

추락한 이카로스가 되다

8

카리프톤은 다시 보이지 않았다. 홧김에 나간 것이기에 곧 돌아오리라 기대했으나 허사였다. 동료가 학파를 등지고 나갈 때면 그러려니 하던 과거와는 느낌이 달랐다. 폭동 이후 힘들었던 시절을 함께 보낸 남다른 동료이지 않던가! 고생할 게 뻔한 외지인지라 걱정도 됐다.

카리프톤의 이탈이 금방 영향을 미치지는 않았다. 하지만 그가 남긴 말은 동료들의 내면에 스며들어 조금씩 틈을 만들었다. 그에게 나쁜 의도가 없었다는 건 모두 알고 있다. 그렇게 헤어지는 것만이 최선이었을까 하면서 후회했다. 리시스는 카리프톤 때문에 많은 상처를 받았지만, 그가 이탈하는 바람에 표를 내지 못하고 혼자 달래야 했다.

리시스는 이 상황을 어떻게 받아들여야 할까 고민했다. 이제 그들은 5였다. 티미카를 넣고 싶지는 않았다. 5는 뭐였더라. 5는 생명의 수였다. 남성의 수 3과 여성의 수 2가 결합된 결혼의 수였다. 신기하게도 그들의 인원과 똑같았다. 남자 셋, 여자 둘. 5=3+2. 나뭇잎 모양이 오각형인 이유도 생명과 관련된다. 우리가 다시 태어날 수 있을 까? 죽지 않고 새로운 생명을 잉태할 수 있을까? 5의 생명력이 부러 웠다. 정오각형에서 무한히 반복되며 생성되는 별 모양 같은 그런 생 명력이. 부질없는 짓 같아 보여 그만뒀다.

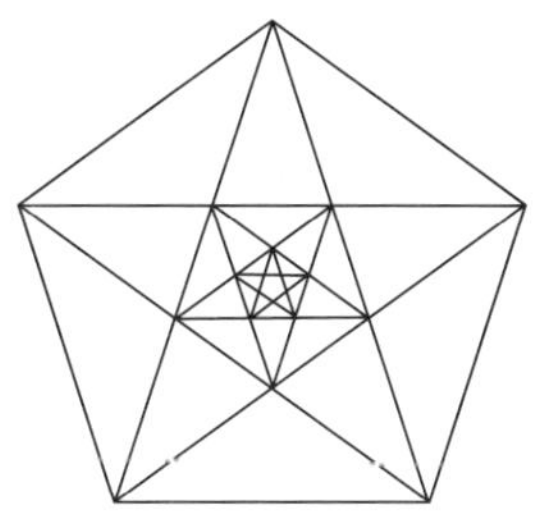

누구보다 후회를 많이 한 이는 아르키포스였다. 카리프톤과 가 장 많은 시간을 함께한 그였다. 카리프톤이 입문했을 때부터 지켜봤 다. 그가 얼마나 열심이었는가를 알았기에 그의 이탈을 믿기 어려웠 다. 카리프톤의 마음도 받아 주지 못했다는 게 부끄러웠다. 규율을 핑계로 그의 말을 받아 주지 못한 자신을 탓했다. 규율이 그렇게 중 요하냐는 그의 말이 되살아나 가슴을 콕콕 찔렀다.

빈 사람의 공백은 즉시 나타나기 마련이다. 티미카는 카리프톤 의 부재를 알아채고 그 사정을 물었다. 사실대로 말하기 난처했다. 소식도 알아보고, 여관 숙박비도 구해 볼 겸해서 나갔다고 둘러댔다. 티미카는 뭔가 낌새를 챘지만, 더 이상 묻지 않았다. 침묵 수행이라도 하는 것처럼 동료들은 하루 종일 말이 없었다. 독백의 시간을 갖는 듯했다. 하루는 그렇게 힘겹게 지나가고 있었다.

"샌님들, 저녁 먹읍시다."

티미카는 목욕을 마친 학파 동료들을 불러내 저녁 식사를 하자고 했다. 그녀의 부름에 동료들은 마당에 있는 식탁 주위로 모여 들었다. 다른 손님이 없다는 게 그나마 다행이었다. 평상시에 없던 술이 차려져 있었다.

그녀는 가끔씩 농담조로 샌님이라고 부르며 장난을 치곤 했다. 공부를 좋아하는 부류의 사람에 대한 예의임과 동시에 공부만 하는 부류의 사람을 조롱하는 느낌도 있었다. 싫지 않았는데, 이때만큼은 모두 언짢아했다.

"카리프톤은 언제 돌아온다고 했나요? 아르키포스."

"그곳 사정을 모르니 알 수가 없어요."

"그렇지. 그게 맘대로 되는 게 아니지. 그래 당신들은 앞으로 어떻게 할 거유? 마냥 여기 있을 순 없잖소?"

"숙박비 때문에 그러세요? 그건 저희가 꼭 드릴게요."

"숙박비도 숙박비인데, 다른 동료가 찾아오기만을 기다리는 건가요?"

"꼭 그런 것은 아니에요. 멜리사도 다 낫지 않았고, 크로톤 사정이 어떤지도 몰라서 결정을 못 내리고 있어요."

"멜리사의 병은 쉽사리 나을 것 같지 않던데. 다 낫기를 기다렸다간 여기 눌러 있어야 할지도 모른다고요. 나랑 같이 여관 일하면서 함께 살라우?"

"네? 여관 일하면서 같이요? 그럴 순 없죠."

"내 말이 그거예요. 당신네는 여기에 어울리지 않아요. 그럼 하루라도 빨리 여기를 뜰 생각을 해야 되지 않겠소? 세상이 두려운 건 아니겠죠? 젊은 사람들이 세상을 두려워하면 안 되지, 암."

"그럼요. 조금만 기다려 주세요."

티미카는 평소와 조금 달랐다. 용기 운운하는 것이 예사롭지 않았다. 이제껏 한 번도 그런 말을 한 적이 없었다.

"술 한 잔 받으시구랴!"

"술이요? 술도 특별한 때가 아니면 마시지 않아요. 술은 사람의 정신을 혼미하게 해서 이성을 잃게 만들잖아요."

"마셔 보고 그런 이야기를 하나 몰라. 리시스, 마셔 봤어?"

"네? 그렇게까지 마셔 보지는 않았지만 주위 사람을 보면 알잖아요. 술이 들어갔다 하면 반 미친 사람이 돼 버리던 걸요."

"사람이 어떻게 정신을 똑바로 차리고만 살 수 있나? 제정신만으론 살기 힘들어. 술기운이라도 빌려야 되는 일이 얼마나 많다고. 당신들도 그렇잖아."

“무슨 말씀인지 모르겠네요.”

“당신들, 제정신으로 이 난국을 헤쳐갈 수 있겠소? 신기라도 받아야 극복할 거 아냐?”

티미카는 일부러 술을 권했다. 아무도 받지 않았다. 아르키포스는 술을 받고 싶었다. 그러나 그럴 용기가 없었다. 다른 동료들의 시선이 의식돼서다. 수제자라는 이름을 저버릴 수는 없었다. 난처해하는 동료들을 위해 화제를 돌렸다.

“티미카, 오늘 평상시와는 다른데요. 떠나야 한다는 둥, 술기운이라도 빌리라는 둥 무슨 할 말 있으세요?”

“할 말? 있지요. 술 한 잔 따라 보세요. 나라도 마시게.”

아르키포스가 술을 따랐다. 티미카는 쭉 들이켠 후 속에 있는 말을 풀어 냈다.

“사실 어제 온 손님 중에 크로톤에서 오신 분들이 있었어요. 타렌툼으로 가는 상인이라고 하더군요. 피타고라스학파를 아느냐고 했더니 그렇다고 하데요.”

“그래요? 스승께서 돌아오셨대요?”

“리시스, 기다려 봐. 지금 학파 때문에 크로톤이 시끄럽대. 올림픽 스타인 밀론 집에서 난동이 있었는데, 이후 학파는 공공업무에서 다 물러났대. 쫓겨난 거지, 뭐.”

티미카는 들은 말을 툭툭 던졌고, 나머지는 한 마디 한 마디를 집중해 들었다. 티미카는 그런 시선이 부담스러워 얼른 말을 이었다.

"당신네 스승인 피타고라스 님 소식이 제일 궁금하겠지? 그분은 나중에 돌아오셨대."

"그 이후로 사정이 좋아졌겠죠? 그죠?"

"아르키포스, 그랬을 거 같으면 내가 술 이야기를 꺼냈겠어요? 그분이 돌아오신 후로도 공격은 계속됐대. 학파 제자가 몰살당하기도 했고, 동조하는 사람마저 살해됐다는구려."

"그럴 리가요? 그럼 스승께서는 어떻게 되셨대요?"

"그분은 결국 도망가셨대. 크로톤에서 남쪽으로 상당히 떨어진 곳까지 피신하셨는데, 거기서 그곳 사람들이 그분을 받아들이지 않으셨다네. 아예 들어오지도 못하게 한 거지. 그래서 북부 지역으로 가셨는데, 거기서도 똑같은 취급을 받으셨다더군. 지금은 정확히 어디 계시는지 아는 사람이 없대. 어떡하우?"

동료들의 표정이 갈수록 일그러졌다. 모든 게 잘 풀릴 거라 믿었던 기대감은 산산조각 나 버렸다. 스승의 행적이 묘연하다는 걸 알고서는 울상이 됐다. 최악의 상황이 오고야 말았다. 티미카는 본인이 그런 짓을 하기라도 한 것처럼 미안해했다.

"학파에 대한 공격은 더 심해지고, 학파를 반대하는 움직임도 번지고 있대요. 마음 단단히 먹고, 살 길을 모색해 봐요."

말을 마친 티미카는 얼른 자리를 떴다. 일행의 눈길을 감당할 수 없어서였다. 일행은 그 자리에 덩그러니 버려졌다. 미동도 없었다.

스승과 학파에 관한 소식을 전해들은 일행은 충격에 휩싸였다. 멜리사는 무언가 결심한 듯 일어나 방으로 들어갔다. 한참을 멍하니 앉아 있던 아르키포스도 자리를 뜨려고 했다. 희망이 사라지자 아무런 생각이 나지 않았다. 기운이 한꺼번에 빠져나가 제대로 서지도 못했다. 가르니논이 그의 손을 붙잡아 넘어지지 않게 했다. 다시 자리에 앉히고 기운을 차릴 때까지 옆에 있었다.

"이제 우리가 갈 곳은 사라진 거네요."

리시스가 체념하듯 말을 꺼냈다. 평온한 말투였지만 가르니논은 그게 더 불안했다. 뭔 일을 저지르지나 않을까 걱정됐다. 가만히 있어서는 안 된다, 움직이자, 뭐라도 빨리 시작하자고 맘먹었다. 힘든 상황일수록 움직이는 게 먼저였다. 움직이다 보면 살 길이 열리게 마련이었다. 움직이지 않으면 죽고 만다.

"힘들겠지만 이대로 가만히 있어서는 안 됩니다. 티미카가 아무리 인심 좋다고 해도 이곳이 편치는 않을 겁니다."

"맞아요. 하루라도 빨리 나가야 해요. 어디로 갈지 묘연하긴 하지만."

히테아노가 가르니논의 말을 받았다.

"아르키포스! 학파로 되돌아가 다른 동료들과 함께 죽음을 맞이할까요? 그곳이 아닐 바에야 갈 데도 없잖아요? 스승도 고난을 겪는데 우리만 편히 있을 수는 없어요."

될 대로 되라는 심정으로 리시스가 말했다. 이렇게 된 바에야 과 감히 죽자는 거였다. 말만이 아니라 얼마든지 그렇게 하겠다는 심산 이었다. 카리프톤과의 일 이후로 그는 심각해졌다. 말수가 눈에 띄게 줄었고, 생각과 몸짓이 극단적인 경향을 보였다.

"리시스, 그건 안 돼요. 되돌아가는 건 너무 무모해요. 헛된 죽음 을 초래할 뿐이라고요. 스승께서 왜 크로톤을 떠나 다른 도시로 피 하셨겠어요? 크로톤을 고집할 필요가 없다는 거예요. 크로톤에서 공 동체가 끝나기보다는 다른 곳에서라도 공동체의 명맥을 이어 가길 바라신 거라고요."

이야기를 듣고 있던 아르키포스가 리시스를 말렸다.

"그럼 스승을 찾아 북쪽으로 갈까요?"

"스승이 계시다면야 가겠지만 확실치도 않잖아요. 스승만 바라 보고 갔다가 스승도 못 만나고 우스운 꼴 당하기 십상이에요."

"이러지도 못하고 저러지도 못하고. 뭔가 방도를 마련해 주세요, 아르키포스!"

리시스는 어찌할 바를 일러 달라고 간절히 애원했다. 리시스가 감당하기에는 너무 벅찬 일들이 순식간에 벌어지고 있었다. 그래서 아르키포스에게 더욱 집착하는 경향을 보였다. 아르키포스는 자신이 리시스였어도 그렇게 했을 것 같았다. 하지만 그에게는 리시스가 그토록 원하는 답이 없었다. 자신의 몸 하나도 감당하기 어려운 실정이었다. 그걸 솔직히 토로해야 할 것 같았다.

"리시스, 할 말이 있어요. 리시스를 실망시킬 게 빤하지만 그렇게 해야겠어요. 리시스 그리고 동료 여러분! 저 사실 카리프톤이 떠나간 이후로 많이 힘들었습니다. 마음 하나 받아 주지 못해 그를 떠나게 했으니까요. 저의 책임이죠. 그리고 말은 안했지만 여러분의 맏형으로서 여러분을 잘 이끌어야 한다는 사명감 또한 나를 짓눌러 왔어요. 스승의 소식을 접하고 나니 이제 맥이 다 풀리네요.

추락한 이카로스! 카리프톤은 그렇게 말했어요. 이상하게 저는 그 짧은 말이 가슴에 팍 꽂혔어요. 그런데 그의 말처럼 스승과 우리가 정말 그런 꼴이 돼 버렸네요. 갈 곳도 없고, 오라는 곳도 없는 처량한 신세가 됐어요. 스승과 함께 공동체를 꾸려 온 자로서 후회는 없어요. 스승에 대한 확신과 공동체에 대한 애정에도 변함없죠. 하지만 우리의 시도는 분명 실패했어요.

그래서 말인데요. 저는 더 이상 여러분의 맏형 역할을 못하겠어요. 하고 싶어도 할 수가 없어요. 실패한 자가 무슨 할 말이 있겠어요. 그러니 저의 의견일랑 묻지 말고 각자의 행보를 정하도록 하세요. 제발 그렇게 해 주세요."

"아르키포스, 이 상황에서 당신마저 이러시면 안 되죠. 이제 흩어지자는 말인가요?"

리시스는 당황스러웠다. 그에게 아르키포스는 스승 대신자이자 버팀목이었다. 그런 그가 사라진다는 건 대낮에 태양이 사라지는 것과 같았다. 그럴 순 없었다. 그에게는 여전히 태양이 필요했다. 천지를 밝혀 주고, 따뜻한 햇볕을 내리쬐어 줄 태양!

"리시스! 우리가 태양이 졌다고 실망하지 않잖아요. 내일이면 다시 떠오를 것을 아니까."

가르니논은 리시스를 위로했으나 소용없었다. 이 세상에 무수히 많은 세계가 공존하고, 하나의 세계가 끝난다는 건 새로운 세계가 열리는 거라고 덧붙여 말했지만 리시스는 귀담아 듣지 않았다.

"우리 공동체가 무너져 버렸는데 어찌 제정신일 수 있겠어요? 이젠 다 잊고 살아가는 건가요? 저는 그럴 자신이 없어요. 이젠 무슨 재미로 살아야 할지……. 맛도 없는 인생, 그런 삶을 어떻게 살아요? 나는 학파에서 맛보았던 희열을 잃고 살아갈 자신이 없어요."

이렇게 말하고 리시스는 티미카가 두고 간 술을 잔에 따라 벌컥벌컥 마셔댔다. 그녀의 말마따나 제정신으로 버티기에는 힘들었다. 그냥 흩어진다면 학파에서의 생활은 젊었을 적 잠깐의 외도로 기억되다가, 나중에는 시간 낭비로 치부될 게 분명했다. 그래도 학파에서 맛보았던 쾌감을 떨쳐 버리지 못한다면 세상살이는 쉽지 않을 것이다. 더부살이에 지나지 않을 터였다.

"학파는 세상과 전혀 다른 별천지가 아니에요. 그런 곳은 이 세상 어디에도 없어요. 스승께서 뜻을 가지고 학파를 일구셨던 것처럼, 우리도 다시 만들면 돼요. 그게 스승의 뜻을 따르는 거 아닐까요?”

가르니논은 리시스의 손에서 술잔을 붙잡아 빼앗으며 말했다.

“어떻게 그런 생각을 할 수 있죠, 가르니논? 저는 스승의 말씀에 고분고분 순종할 뿐이었어요. 내가, 우리가 무언가를 만들어 가야 한다는 그런 생각은 품어 보지도 못했는데.”

“리시스, 세상을 좀 더 둘러보세요. 많은 지역을 여행하다 보면 그걸 알게 돼요. 살면서 우리가 하는 건 변화를 받아들이고, 스스로 변하는 거죠. 변화를 멈추는 게 죽음이에요. 그러니 학파의 변화를 자연스럽게 받아들이자고요. 우리가 원한 모습은 아니지만 어쩌겠어요. 슬프지만…… 흩어져서 살아가야지요.”

가르니논은 애써 태연하게 말을 이어갔다. 한 마디 한 마디를 힘들게 뱉어 냈다. 학파의 붕괴는 그에게도 가슴 아픈 일이었다. 학파를 통해 새로운 꿈을 꿔 보고 싶었는데, 그 꿈을 여기서 접어야만 했다.

“가르니논! 마지막까지 힘을 주는군요. 그래서 미안해요. 당신 같은 사람이 스승을 일찍 만나 수제자가 되었어야 하는데. 그랬더라면 오늘날과 같은 비참한 지경을 피할 수 있었을 텐데. 나 같은 사람이 스승을 모시는 바람에 이 모양 이 꼴이 되었네요. 미안해요, 미안해. 호호흑…….”

아르키포스는 미안하다며 거듭 사과했다. 진심이었다. 뜨거운 눈물이 흘렀다.

"아르키포스, 뭐가 미안하죠? 스승과 후배 제자를 지켜 주지 못해서인가요? 이렇게 된 건 스승의 잘못만도 아니고, 제자들이 스승을 제대로 모시지 못해 그런 것도 아니에요. 이 일에 대한 책임은 우리 모두에게 있어요. 우리 모두가 스승과 공동체를 제대로 보지 못하고 착각한 거예요.

우리는 뒤만 졸졸 따라다녔어요. 하라는 대로만 했죠. 그게 잘못이에요. 공동체가 굉장하니까 그랬던 건데 그게 문제였어요. 자신을 버리고, 자신의 책임을 저버리고 될 일이 뭐가 있겠어요. 피타고라스의 정리 이후 공동체는 커졌고, 많은 것이 변했다고 했어요. 제 생각에는 그러면서 공동체가 서서히 변질된 것 같아요. 스승은 신이 됐고, 제자는 신을 모시는 사제가 돼 버렸으며, 사람들은 그 신을 믿는 신도가 된 거죠. 비판에 대한 반응도 문제였을 거라고 봐요. 비판을 인정하지 않았겠죠. 비판이란 인간에게나 가능한 거지, 신이 된 스승에게는 허용될 수 없는 거였으니까. 결과적으로 조직은 커졌지만 공동체의 역량은 예전보다 줄어든 거죠. 그걸 모르고 있었던 거예요."

"맞아요, 히테아노. 스승도 제자들도 많이 변했죠. 사람들이 몰리고, 조직이 커지는 기쁨으로 그걸 대신했던 것 같네요."

신이 된 인간, 피타고라스

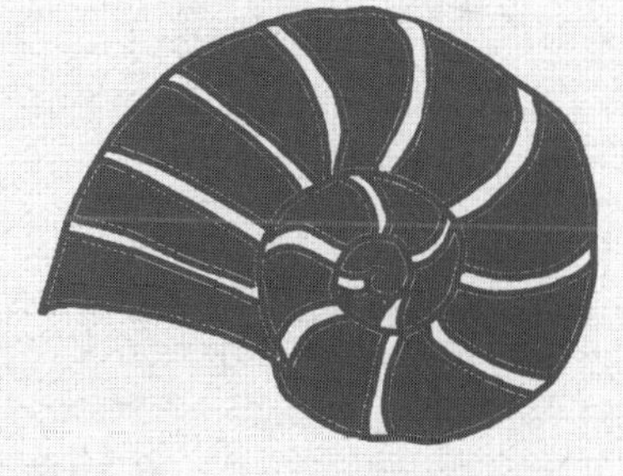

"그럼 우리가 속은 건가요? 카리프톤의 말처럼 우리가 기만당한 건가요? 히테아노."

"그렇지 않아요, 리시스. 저도 처음에는 속은 건가 하는 의심이 들었어요. 그러다 카리프톤의 말이 그 의심을 사라지게 했어요. 그게 뭐였냐면……. 학파에 온 이유! 그거였어요. 저도 학파 생활에 젖어 들면서 그걸 잊고 있었어요. 자기 나름대로의 이유가 있었는데 말이죠. 가르니논 어때요?"

"물론이죠. 제가 학파를 찾아온 이유는 스승의 이야기를 들어 보고 싶어서였어요. 저는 이곳저곳 여행하면서 다른 풍습과 사고방식을 많이 봤어요. 그들은 모두 자기가 옳고 최고라고 생각해요. 그게 되게 신기하더라고요.

숫자를 이야기해 볼 게요. 이집트나 그리스, 메소포타미아 지역 모두 다른 숫자를 사용해요. 이집트는 수의 크기에 어울리는 물건의 모양을 본뜬 상형 숫자를 사용하죠. 반면 메소포타미아는 위치에 따라 자릿값이 달라지는 쐐기 문자를 이용해요. 더 복잡하고 어렵죠. 아시다시피 그리스는 문자를 숫자로 사용하는 방식이잖아요. 다 달라요. 사고방식이나 풍습은 환경에 따라 달라져요. 저는 뭐가 옳고 그른지 헷갈렸어요.

어디서나 옳은 지식! 환경이나 경험의 차이를 넘어서는 지식! 그리고 그런 지식을 판별할 수 있는 방법! 이게 궁금했어요. 이때 스승에 대해 전해 들었어요. 스승께서 여행을 많이 하신 분이라는 사실이 꽤 끌렸어요. 스승께서는 젊었을 적에 그리스, 이집트, 메소포타미아, 페르시아 등 거의 모든 세계를 다 둘러보셨다고 들었어요. 쐐 오랜 시간 공부하고 오셨다더군요. 종교, 과학, 철학, 사회 거의 모든 분야를 익히셨다고 하더군요. 스승의 아버님도 상인이셨는데 상인 세계에서는 꽤 알려지신 분이거든요. 저는 그런 분 얘기라면 들어 볼 만하겠다 싶었어요."

"목적을 달성하셨어요?"

리시스가 얼른 물었다.

"솔직히 말하자면 목적을 달성하지 못했어요. 외부 청강생인데다 시간도 짧아 강의를 별로 듣지 못했잖아요. 하지만 뭔가 있다는 확신을 갖게 됐어요. 조금 더 들어 보면 되겠다 싶었죠……. 그런데 리시스는 왜 왔어요?"

"저요? 저는…… 가만 있자…… 잘 모르겠네요. 사실 뚜렷한 목적이 있었던 건 아니에요.”

“그래도 뭔가가 있어서 침묵 수행까지 갔겠죠. 안 그래요?”

“저는 사람들로부터 관심받는 스승의 모습이 너무 부러웠어요. 저도 그렇게 되고 싶었죠. 스승님처럼 살면 사람들이 저렇게 따르는 구나! 이런 생각이 들었어요. 그래서 덜컥 들어온 거예요. 스승님은 말씀도 잘 하시고, 똑똑하시고, 멋지잖아요. 너무 속물적이죠?”

“젊은이라면 충분히 그럴 수 있죠. 그러면서 배우는 거예요. 아르키포스는 왜 왔어요? 궁금하다.”

난처해하는 리시스를 도와줄 겸, 정말 궁금하기도 해서 가르니논은 아르키포스를 끌어들였다.

“너무 오래 돼서 기억도 안 나요. 기억해 볼 테니, 히테아노 먼저 말해 보세요.”

“핑계 대시네, 좋아요. 먼저 말할 테니 그다음에 말해 보세요. 제게 뚜렷한 목표가 있었던 건 아니에요. 뭔가를 찾고, 바라고 온 것도 아니죠. 저는 학파를 도피처로 선택했어요. 선택의 여지가 없어 무작정 뛰어든 거죠.”

“집안에서 문제 일으켰나요? 남자 문제라도?”

“남자라뇨! 그럴 리가요. 아니, 남자 문제가 맞네요. 남자 때문에 도망쳐 왔어요.”

“남자 때문에 도망쳐 왔다고요?”

가르니논은 무척 궁금했다.

"저는 남자가 주축인 이 사회가 너무 싫었어요. 아시죠? 여자가 어떻게 지내는지. 그리스 사회에서 여자는 노예와 마찬가지로 남자의 소유물이에요. 결혼 전에는 아버지의 것이고, 결혼하면 남편의 것이죠. 결혼 전에는 집 밖도 맘대로 못 나가요. 그리스의 시민이지만 공식적인 행사에는 전혀 참석할 수 없어요. 특별한 축제나 종교 의식 때가 아니면 늘 집에 붙어 있어야 해요. 교육이라고 해 봐야 살림에 필요한 것만 배워요. 여자의 임무란 남편의 아이를 낳고, 직업이나 공적인 일로 바쁜 남편을 대신해서 십안을 빙화롭게 나스리는 거에요. 남자 또한 그런 목적으로 결혼하죠. 정조를 지키며, 아이를 잘 낳아 주고, 집안에서 불란 일으키지 않는 그런 여자를 얻는 게 결혼이에요.

남자만의 사회. 저는 이게 지긋지긋 했어요. 저는 공부해 보고 싶었어요. 부모님은 여자가 무슨 공부냐며 관심 없으셨죠. 나이를 먹을수록 불만이 쌓였어요. 보통 여자처럼 살아 보려고 했는데, 저는 못하겠더라고요. 미치겠다 싶었죠. 그러다 학파 이야기를 들었어요. 집에 오신 손님이 부모님과 이야기를 나누다가 학파 이야기를 하시더라고요. 두 가지가 귀에 쏙 들어왔어요. '여자와 공부' 거기는 여자도 공부할 수 있도록 받아 준다는 거예요. 그 말을 들은 이후 저는 학파로 가야겠다고 맘먹고 틈을 노렸죠. 우여곡절 끝에 이곳에 오게 됐답니다. 그러니 피난처이고, 남자 때문이죠.

학파는 정말 진보적이었고, 일반적인 관습을 뛰어넘는 신세계였
어요. 여자에게도 기회를 주는 곳, 꿈이 아닌 현실이었죠. 사람들이
꿈조차 꾸지 않던 세계, 시대를 초월한 세계였어요.”

“저도 동감해요. 보통 사회라면 불가능하죠. 히테아노처럼 똑똑
한 여자가 답답해한 건 당연한 것 같아요. 피난처에 잘 오셨네요. 이
제 아르키포스 차례군요.”

“알았어요, 가르니논. 저는 정치를 해 보고 싶었어요. 실제 정치
판에 입문해 활동했죠. 입문해 보니 정치판이 정말 개판이더군요. 권
력을 차지하기 위해서라면 별짓을 다 하는데, 도덕도 철학도 맘대로
바꾸더군요. 그런 걸 보고 신물 났어요. 정치를 해야 하나 하는 회의
에 빠졌죠. 계속해야 할지, 한다면 어떻게 해야 할지 종잡을 수 없어
수소문하다가 학파에 왔어요. 정치가가 되려면 사람을 따르게 하는
매력이나 카리스마를 갖춰야 하는데 그게 참 어려워요.

정치에서는 논쟁을 많이 해요. 상대를 설득하거나 굴복시키기 위
해서죠. 그런데 논쟁을 잘한다고 해서 사람이 따르는 건 아니더라고
요. 이념이나 학문적인 논쟁은 상대를 진심으로 굴복시킬 수 없어요.
오히려 반감만 사죠. 스승을 보세요. 논쟁도 하지만 논쟁만 하지는
않아요. 그랬다면 그렇게 사람이 따르지도 않았을 거예요. 저는 그게
뭘까 궁금했어요. 그러다가 지금까지 오게 된 거죠.”

“정치가, 아르키포스! 멋지네요.”

늘 아르키포스를 따르던 리시스가 환호했다.

"지금은 정치가가 되고 싶은 마음 없어요."

아르키포스가 머쓱해하며 손사래를 쳤다.

"학파에 온 동기가 다 제각각이네요. 다른 사람에게도 그만큼 많은 사연이 있었겠죠. 학파는 그렇게 다양한 사연을 가진, 다양한 사람이 모여서 이룬 거였어요. 스승 혼자서 일으킨 게 아니에요. 우리 모두의 작품이었어요. 그렇게 본다면 스승이 우리를 부른 게 아니라, 우리가 스승을 불러 낸 거죠. 스승이 아니더라도 스승과 같은 분은 나타났을 게 틀림없어요. 시대적인 요청이있으니까."

히테아노는 자기한테 말하듯 차근차근 속삭였다.

"우리 모두의 작품이라…… 멋진 말인데요."

가르니논이 고개를 끄덕이며 말했다.

"그럼 스승은 어떤 존재죠? 우리는 왜 그에게 열광한 거죠? 스승을 어떻게 봐야 할지 모르겠네요. 스승인 피타고라스는 신이 아닌 인간이었어요. 그런데 사람들은 그를 신으로 여겼어요. 신으로 소개하기도 하고. 때론 스승 본인마저도 신적인 존재마냥 행동하셨잖아요. 모든 게 착각? 아님 모든 게 사기?"

리시스는 한 가닥의 진실이라도 건져 보고 싶었다. 과거를 그냥 지워 버리지 않기 위한 몸부림이었다.

"리시스! 착각도 아니고, 사기도 아니었어요. 실패하긴 했지만 진실이 있었던 건 분명해요."

아르키포스가 분명하게 말했다.

"제 생각에도 뭔가가 있었어요. 그래서 사람들이 희망과 기대를 갖고 모인 거죠. 그걸 이룰 수 있다고 느꼈기에 스승을 따라나선 거고. 그게 뭐였을까요?"

가르니논의 질문은 점점 깊어졌다. 정적이 흘렀다. 이 정적을 깬 것은 히테아노였다.

"신이에요. 신! 우리는 모두 신을 찾고 싶었던 거예요."

"신이라고요? 무슨 말이에요? 히테아노!"

"가르니논 잘 들어 봐요. 콩이 난 걸 보면 콩 심은 걸 알아요. 결과를 보면서 원인을 추측하잖아요. 그러니 현재 모습을 잘 보면 사람들이 왜 모였는가를 따져 볼 수 있어요.

학파에 모인 사람은 모두 신을 이야기하고 있어요. 그건 모두의 관심사, 모두의 공통분모가 신이라는 거 아니겠어요? 직접 신을 찾던 건 아니었어도, 결국 신을 찾아가는 거였죠. 그래서 스승께서는 신이 되실 수 있었어요. 모두가 찾고 원했으니까."

"신, 공통분모. 만약 신이 공통분모가 아니었다면 스승은 다른 존재로 불렸을 걸요. 사람들은 스승에게서 자기가 찾던 징후를 봤고, 스승에게 적절한 명칭을 찾다가 신으로 불렀을 거예요. 신을 찾던 사람이 아니었어도 동의했을 테고."

“그럼 신이 뭐죠? 가르니논. 신을 찾는다는 건 또 뭐고?”

“리시스, 잘 생각해 봐요. 신은 완전한 존재잖아요. 사람이 신을 찾는 건 보다 완전해지고 싶어서예요. 자신이 불완전하니까. 사람은 자연의 일부분에 지나지 않아요. 이 세상을 잘 알지도 못하고, 다스리지도 못하죠. 신을 찾는다는 건 자신의 나약함이나 불행을 벗어나려 한다는 거 아니겠어요? 자신의 한계를 넘어 보려 하는 거죠. 그러고 보면 학파에 온 사람은 모두 뭔가를 해 보려고 안간힘을 쓰던 사람이었네요. 우리만 하더라도 정치를 잘해 보려고, 불합리한 현실을 벗어나 보려고, 온전한 지식을 찾아보려고 온 거잖아요. 인 그래요?”

히테아노는 특유의 재치로 신에 대한 생각을 정리했다.

“듣고 보니 그러네요. 학파에 온 사람은 많은 것을 포기하고 왔어요. 그만큼 절실했죠. 그렇지 않고서야 그런 모험을 감행할 리가 없죠. 히테아노 말처럼 신을 찾아 나선 거죠. 그런 사람 한두 명이, 나중에는 모두가 스승을 신으로 고백하지 않았을까요?”

“그럼 스승이 보여 준 신의 징후가 뭐였을까요? 아무한테 신이라고 하지는 않잖아요.”

리시스는 꼬리에 꼬리를 물며 질문했다.

“스승이 한 일을 따져 보면 되죠. 아르키포스, 스승의 업적이 뭐였는지, 왜 우리 학파가 다른 학파에 비해 성공적일 수 있었는지 설명해 줄 수 있죠?”

"그럼요. 그리스에는 이런저런 학파가 많아요. 이오니아에서 철학이 태동한 이래 여기저기서 출현했어요. 허나 우리 학파가 단연 으뜸이지요. 이오니아 철학자는 아르케란 걸 찾아 돌아다녔어요. 이 세상을 탄생시킨 궁극적인 물질 또는 원리를 찾으려 했어요. 탈레스는 그게 물이라고 주장했죠. 웃기지 않나요? 모든 존재가 물로부터 만들어졌다는 게? 나무나 돌멩이도 물로 만들어졌다니 우스운 거죠. 다른·철학자도 물에 다른 걸 더할 뿐 그 밥에 그 나물이었죠.

스승께서도 아르케 논쟁에 뛰어드셨는데 파격적인 주장을 하셨어요. 수를 아르케로, 수가 본질이고 원리라고 보셨어요.

스승은 물질 자체가 본질일 수 없다고 봤어요. 물질이 모이고 흩어져 존재가 되긴 하지만 그건 결과일 뿐, 그걸 가능케 해 준 게 수예요. 수가 그 한계를 정해 주는 거죠. 만물이 수라는 건 그런 의미죠. 스승은 보이는 물질 이전의 보이지 않는 것에서 본질을 찾아내셨어요. 관념론이 시작됐어요.

수가 본질이라는 건 매우 정확한 통찰이에요. 모든 곳에는 수가 숨어 있으니 그 수만 파악하면 모든 존재의 비밀 또한 파악할 수 있게 돼요."

"장사를 할 때도 물자나 판매, 수입 지출 현황을 수로 파악하면 이득인지 손해인지 금방 확인할 수 있어요."

"가르니논, 장사뿐이겠어요? 음악에서도 현의 길이가 1:2, 2:3,

3:4인 경우는 조화로운 화성을 이루게 돼요. 딱 그런 비율에서만 그렇게 되죠. 이건 모든 존재가 그렇다는 걸 보여 주는 거예요. 건강도 비의 문제예요. 수분, 온도, 영양분이 일정한 비를 따라 균형을 이루게끔 해 주면 돼요. 우리가 정오각형을 작도하게 된 것도 그 비를 알아냈기 때문이에요. 한 변의 길이와 대각선의 길이의 비가 황금비를 이룬다는 걸 우리가 알아냈잖아요. 정오각형 작도법은 그걸 역으로 이용해서 만들어 낸 거예요. 수를 알아냈기에 가능한 일이었죠.

또 하나 차이가 나는 게 바로 증명이에요. 피타고라스의 정리 핵심은 결과가 아니라 증명 과정이에요. 그것 때문에 학파가 명성을 얻었어요. 이 정리를 고대인이 알았다고 쳐도 학파의 명성에 먹칠하지는 못해요. 그들은 증명 없이 받아들였어요. 현실에서 그러하니까. 우리는 그 정도로 만족하지 않아요. 우리는 왜 그게 맞는지를 따져, 그 이유를 이론적으로 제시했어요. 그게 바로 증명이에요.

증명은 당연해 보이는 사실이 정말 사실인가를 따져 보는 거예요. 이 위대한 업적은 누구도 달성하지 못했어요. 그럴싸한 주장을 펼치기는 쉬워요. 많은 철학자가 그렇게 했죠. 그래도 그건 주장에 불과해요. 싫다고, 맘에 들지 않다고 등 돌려 버리면 끝이에요. 하지만 증명은 등 돌린다고 달라지는 게 아니에요. 좋고 싫음과 상관없어요. 그건 어느 시대 누구에게나 옳은 거니까."

"가르니논! 가르니논이 찾던 거네요. 경험에 따라 달라지는 지식이 아니라 경험을 초월한 지식, 그런 지식을 판별할 수 있는 방법을 찾고 싶다 했잖아요. 그게 바로 증명인데요. 증명에 의해 정리된 지식, 즉 정리 또는 이론이 경험을 초월한 지식이고. 우리가 다른 학파와 차원이 달랐던 건 바로 이 지점이었어요. 좋은 주장이 아니라 그 주장의 진위를 판별할 수 있는 방법을 보여 준 거잖아요.”

“히테아노의 말이 맞네요. 제가 잘 찾아온 거로군요. 느낌이 있었다니까.”

“그럼 학파는 착각도 사기도 아니었던 거죠? 그래도…… 달라질 건 없네요. 공동체는 붕괴되고, 우리는 흩어지고. 사람이 분수를 알아야 한다는 교훈만 남는군요.”

리시스는 기뻤다가 도로 침통해졌다. 과거가 의미 있었다고 위안받을 수는 있었으나, 현실과 미래를 바꿀 수는 없었다. 엎질러진 물을 다시 담을 수는 없었고, 앞날에 변화를 줄 수는 없었다.

“그렇지 않아! 리시스. 그렇지 않다고.”

“아르키포스, 무슨 말이세요. 뭐가 그렇지 않다는 거죠?”

“게임은 아직 끝나지 않았어. 스승께서는 학파의 결말이 이렇게 될 수도 있음을 아셨을 것 같아.”

“이렇게 될 줄 아셨다고요? 그럼 알고서도 그렇게 이끌어 오신 거라고요? 그럴 줄 알았다면 아예 하지를 않으셨겠죠.”

“어리석은 짓일 수 있지. 망할 수 있다는 걸 알면서도 그 길을 선택한다는 건. 하지만 그게 아무런 길을 가지 않는 것보다는 더 낫지 않을까? 안 될 거라고 가만히 있는 것보다는 부딪쳐 보는 게 더 낫지 않을까? 다른 분도 들어 보세요.

보통 우리를 학파라고 불러요. 학문 탐구를 많이 하고, 수준이 뛰어나서죠. 그렇다고 그것이 우리의 성공 요인은 아녔어요. 단지 학파였다면 이런 수준까지 오지 못했을 걸요. 여느 학파처럼 소수가 모여 구시렁거리다가 끝났겠죠.

스승은 신을 탐구만 한 게 아니라 신과의 합일을 시도했어요. 디오니소스 종파처럼요. 광기와 열정, 육체의 탐닉으로는 그럴 수 없어요. 신으로 향하는 올바른 길을 찾아야 하는데, 그게 바로 학문이죠. 우리 공동체가 학문을 중요시한 이유가 이거예요. 그런 목표와 열정이 있었기에 학파는 뛰어난 성취를 달성할 수 있었던 거죠.

하지만 학문만으로는 신께 다가갈 수 없어요. 학문은 그 길을 일러 줄 뿐이죠. 지식을 따라 심신을 다듬을 때 가능한 일이에요. 지행일치가 돼야 해요. 우리가 공동체를 이뤄, 독특한 규율과 수련법으로 생활하는 이유가 바로 이것이죠. 이런 모습 때문에 종교 집단으로 불리는 거고요. 우리 공동체는 육신을 단련하지만 신체 단련장이 아니고, 학문을 탐구하지만 학파도 아니고, 신을 흠모하지만 일개 종교 집단도 아니에요. 그 모든 요소를 통합한 새로운 세계를 만든 거예요. 그랬기에 많은 사람이 모일 수 있었어요.

스승께서는 모든 이가 삶에 순응하지 않고 극복하길 바라셨어요. 신을 찾아가기 바라신 거죠. 가르침만으로는 어려웠을 거예요. 사람들에게는 따라할 수 있는 본이 필요했어요. 살아 있는 신이 필요했던 거예요. 무지한 사람은 뛰어난 인간이나 죽은 신으로 만족하지 못하죠. 어느 시점에 스승은 그걸 간파하셨을 거예요. 그가 신이 아니라고 하면 그들은 아마 다시 일상으로 돌아갔을 거예요. 신을 향한 여행을 그만두는 거죠.

스승께서는 고민하지 않았을까요? 기로에 서서 많은 생각을 하셨을 거예요. 끝까지 인간의 길로 갈 것인가, 신의 모습으로 변할 것인가? 따르는 무리를 위해 신의 길을 걷게 된다면 결국 실패하리란 걸 직감하셨을 수도 있어요. 그만둘 것인가, 실패할 수도 있지만 도전해 볼 것인가? 스승은 새로운 도전을 선택하셨어요. 변화를 통해 질주하는 길을 택하신 거죠. 멈추지 않고 질주함으로써 끝까지 가 보려 했던 거죠. 그럴 줄 알면서도 스승은 그 길을 선택하신 거예요.

스승은 추락한 이카로스가 아니었어요. 이카로스가 날개가 녹는다는 걸 몰랐을까요? 알았겠죠. 그런데 왜 바보같이 태양 가까이 날아갔을까요? 그게 이카로스가 걸어가야 할 삶의 길이었기 때문이죠. 이카로스는 태양 가까이 날아가 보고 싶었던 거예요. 비록 그의 목숨이 다할지라도. 스승도 혼자서 그런 고민과 갈등을 품고 날아오르신 거죠. 얼마나 외롭고 힘드셨을까……

피타고라스, 스승은 신이 돼 버린 인간이었어요. 날지 못한다는 운명을 그대로 받아들이고 사는 사람들에게 날 수 있다는 걸 보여 준 거죠. 인간의 한계를 극복한, 진정한 신이었어요."

"인간의 몸으로 날아오른 이카로스였군요. 수와 증명이 날아오르게 해 준 날개였고."

리시스도 아르키포스와 마찬가지로 몹시 흥분했다. 사라졌던 태양이 다시금 떠오른 기분이었다.

피타고라스학파의 새로운 시작

10

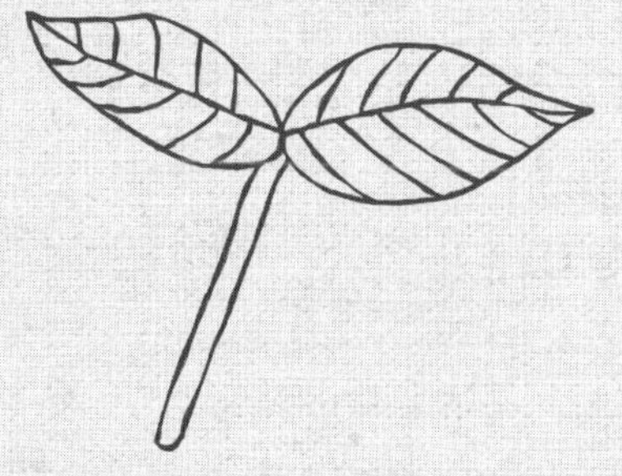

대문 앞에 걸려 있는 테트라크티스는 아침 햇볕을 받아 도드라져 보였다. 아르키포스는 거꾸로 걸린 테트라크티스를 한참 동안 쳐다봤다. 두려운 맘으로 이 대문을 들어서던 때가 기억났다. 그들의 맘을 설레게 했던 이 문양을 그는 여전히 설레는 맘으로 바라봤다. 위치가 바뀐 것만으로도 그때는 어색했는데, 이제는 아무렇지도 않았다. 다시 태어난 기분이었다. 원래대로 돌려놓을까 하다가 그냥 내버려뒀다.

대문 앞에서 티미카를 기다렸다. 기다리는 동안 일행은 여관을 한 바퀴 돌아봤다. 손으로 여관 건물을 만지자 찬기가 손을 타고 전해졌다. 잠시 후 그녀는 꾸러미 두 개를 들고 나타났다.

"샌님들! 드디어 떠나시네. 그동안 정 꽤나 들었는데, 그죠?"

"네, 티미카. 이곳에서의 생활, 잊지 못할 거예요. 막상 떠나려고 하니 더 아늑하고 좋아 보이는 건 뭐죠? 조금 더 있다 갈까요?"

가르니논은 장난기 어린 말로 이별의 아쉬움을 달랬다.

"싫소이다. 우리도 손님 아무나 받지 않고 가려서 받아요. 돈 될 만한 사람을 받는데 당신네는 여러 명이서 방을 하나나 둘만 차지하잖아. 실속이 없어. 그러니 어서 떠나쇼!"

"네, 다음에는 돈 많이 가져와 한 사람당 방 하나씩 쓸게요. 받아 주실 거죠?"

"그럼요. 가르니논, 당신은 상인이니 다음에 볼 수도 있겠네. 그런데 다들 어디로 갈 건지 정하신건가? 또 무턱대고 아무 데나 가는 건 아니겠지?"

"저는 크로톤으로 돌아갈 거예요."

"학파로 돌아가게? 가르니논."

"아니요. 제 집으로 돌아갈 거예요. 학파에 대한 호감이 있긴 하지만 지금은 때가 아닌 것 같아요. 당분간은 돌아가는 상황을 좀 볼까 해요. 상황이 좋아지더라도 학파에 들어가 공동생활을 할 생각은 없어요. 저는 자유롭게 돌아다니며 나름대로의 방식으로 공부할 거예요. 그렇게 결론 내렸어요. 그래서 돌아가는 거랍니다."

"크로톤으로 가는 사람은 또 없어?"

"있어요. 멜리사요. 저랑 같이 가기로 했어요."

"그래? 잘 됐네. 길동무가 있으니 서로 심심하지 않겠어. 같이 간다니 안심이야. 멜리사는 어디로 가? 학파 아니면 집?"

"둘 다 아니에요."

“그럼 어디로?”

“저의 집으로요.”

“가르니논의 집으로? 둘이 결혼하는 거야? 잘됐네. 둘이 아주 잘 어울리더라고.”

“아니요. 멜리사는 학파의 제자였잖아요. 멜리사 집으로 바로 갈 경우 그게 문제가 돼 무슨 일이 닥칠지 모르잖아요. 그래서 우선은 저희 집으로 가 사정을 보며 치료에 집중하려고요. 몸이 좋아지면 그때 움직여도 되잖아요.”

“그게 좋겠네. 가르니논, 잘해 봐. 무슨 말인지 알지? 멜리사가 가르니논을 잘 따르더라고.”

“네? 네…….”

“멜리사는 학파로 돌아가고 싶어 하나?”

“싫다고 하네요. 학파가 싫은 건 아니지만 소신이 있는 것도 아니래요. 사람들 구설수에 오르는 마당에 가긴 싫대요. 옳고 좋다고 해서 그걸 꼭 따를 필요는 없잖아요. 자기 길을 가는 게 중요한 거죠.”

“그래서 멜리사가 저렇게 조용한 거야? 학파로 안 가겠다고 한 게 부끄러워서? 그럴 필요 없어. 남이 뭐라 하든 자기 갈 길 가는 거지. 안 그렇소? 아르키포스!”

“맞습니다. 예전에는 사람들에게 학파를 무조건 따르라고 했는데, 이제는 그렇게 안 할 거예요. 과거를 생각하면 착잡해요.”

"자기 밥 자기가 먹듯이 자기 짐은 자기가 지고 가야지. 아르키포스는 어디로 가시나?"

"저요? 저는 북쪽으로 가 보려고요."

"북쪽? 스승을 찾으러?"

"네. 스승과 함께하는 게 제 길이에요. 저는 스승을 사랑해요. 스승을 제대로 모시고, 스승과 더불어 나머지 삶을 살고 싶어요."

"고생길일 텐데. 스승을 찾지 못할 수도 있고."

"알아요. 그래도 그게 제가 제일 하고 싶은 거예요. 그 길만이 제 과오를 갚는 길이니만큼 고생길이더라도 가려고요."

"그럼 됐어! 혼자 가시나?"

"제가 같이 갈 겁니다."

"리시스, 아르키포스와 같이 가려고?"

"네. 분명한 이유가 있는 건 아니지만 그러고 싶어서요. 제게 꿈과 가르침을 준 스승과 학파! 저는 한 번 더 도전해 보고 싶어요. 아직 젊잖아요."

"맞아, 젊으니까 그런 세월 한번 보내 봐도 되지. 리시스 참 멋지네! 젊고 패기도 있고. 파이팅!"

티미카는 한 사람 한 사람의 손을 잡고 포옹했다. 안부를 묻고, 잘 가라고 격려했다. 두 명씩 짝지어 떠난다는 게 위로가 됐다. 앞날이 잘 풀리길 기원했다. 꾸러미 하나씩을 챙겨 줬다. 가다가 먹을 음식이라고 했다.

가르니논은 멜리사와, 아르키포스는 리시스와 길을 떠났다. 한 팀은 북으로, 한 팀은 남으로 향했다. 티미카는 그들의 뒷모습을 물끄러미 쳐다보다가 여관으로 들어갔다. 이제 히테아노만이 남았다.

"괜찮겠어? 여기 이렇게 남아 있어도?"

"걱정 마세요, 티미카. 제가 선택한 거예요. 저에게는 이곳이 가장 편해요. 제게는 집이 없어요. 어디에도 맘 둘 곳이 없죠. 집으로 가면 답답할 테고, 크로톤으로 돌아가면 죽음이 기다릴 테고, 스승이 계시다는 곳은 막막할 거예요. 여기 있으면서 다음 목적지를 정해 볼 테니 있게 해 주세요. 제가 있어야 우리 숙박비를 받으실 수 있을 걸요."

"그건 무슨 말이래?"

"숙박비를 가지고 올 때까지 여기 볼모로 잡혀 있을 테니 누구든 여건 되면 돈 가지고 오라고 으름장을 놓았어요. 그렇게 하겠다고 약속하던데요."

"하하하. 나보고 한 번 더 학파를 믿어 보라는 말씀이시네."

"그때까지 저를 잘 보살펴 주세요. 안 그러면 숙박비 못 받아요."

"알았어. 그런데 언제까지 머물러 있으려고?"

"저도 계획이 있어요. 숙박비 들고 먼저 오는 사람 따라가려고요. 설마 모른 척하겠어요?"

"그 계획은 그들이 돌아와야만 실행 가능한 거잖아. 학파 사람들을 그렇게 믿어?"

"네. 믿고 싶어요. 힘들긴 하겠지만 꿋꿋하게 살아가겠죠?"

"힘들 거라는 건 분명해. 앞으로 어떤 일이 일어날지 모르잖아. 고생 좀 할걸. 그래도 그들이 쉽게 꺾일 것 같지는 않아. 잘 견딘다면 뜻을 펼칠 수 있겠지."

"예언컨대 학파는 결국 여기저기로 퍼져 나가게 될 거예요. 민들레 홀씨처럼 흩어진 동료들이 학파를 전할 거잖아요. 아르키포스 같은 사람, 저 같은 사람, 가르니논 같은 사람이 씨앗이 될 거예요. 카리프톤이나 멜리사 같은 사람도 두고두고 학파 이야기를 할 테고.

크로톤을 중심으로 활동하던 학파는 그렇게 그리스 전역으로 무대를 옮기게 될 거예요. 크로톤의 붕괴가 새로운 역사의 시작이 될 것만 같아요. 그렇게 될 수 있을까요? 역사만이 그 답을 알겠죠. 한번 지켜보자고요."

부록

피타고라스학파는 기원전 6세기에 피타고라스를 중심으로 세워진 학파이다. 그때는 그리스가 신화의 시기에서 철학의 시대로 접어들고 있었다. 피타고라스의 스승이었다고도 하는 탈레스가 만물의 근원이 무엇인가를 물으며 철학을 태동시켰다.

탈레스의 물음은 세상에 대해 이치에 맞고 합리적인 설명을 요구했다. 신들의 우연하고 즉각적인 개입을 통해서 설명하던 신화적 사고를 벗어나려 했다. 이유와 근거, 과정을 통해서 세상의 기원과 변화를 알려고 시도했다. 그는 수학에서도 중요한 역할을 했다. 삼각형, 원, 임의의 각과 같이 구체적인 대상이 아닌 일반화된 대상을 다뤘고, 몇 가지 정리를 제시했다. 증명도 제시했다고도 하는데 전해지지 않았다.

피타고라스는 탈레스의 물음과 사고를 이어받았다. 그는 탈레스의 질문에 대한 답으로 수를 제시했다. 물질로부터 근원을 찾던 이전 철학과는 전혀 다른 주장이었다. 관념론의 시작이기도 했다. 그는 학문과 종교를 절묘하게 결합하여 학파이자 종교 집단으로 불린 공동체를 로마(지금의 이탈리아) 남부 크로톤에 건설했다. 그들은 수적인 관계 파악에 주력하여 황금비 발견, 소수·완전수·우애수 같은 정수론을 정립했다. 피타고라스 정리를 증명했고, 그로 인해 무리수를 발견하는 성과를 거뒀다. 공동생활을 하며 지식을 탐구했고, 이 모든 지식을 종교적으로 승화시켰다.

이 소설의 주요 배경이 된 여관은 학파에 관해 전해 내려오는 이야기를 모티프로 했다. 동료의 숙박비를 동료라는 이유만으로 갚아 줬다는 이야기에서 보듯이 그들은 동료에 대한 우정이 각별했고, 신뢰를 지키려 했다. 단순한 학파가 아니라 지행합일을 꿈꾸고 도전한 집단이었다.

학파는 영향력 있는 집단으로 성장했고, 그로 인해 정치적, 사회적 견제를 받게 되었다. 천인회의에서의 공격을 당했다거나 밀론의 집 폭동 사건은 역사적 사실로 전해진다. 아르키포스와 리시스는 폭동 때 살아남아 도망친 제자로 이름을 남겼다. 학파는 결국 시민의 공격으로 붕괴되며 흩어졌다. 피타고라스도 크로톤을 떠나 도망쳤으나 살해당했다.

학파의 붕괴는 결과적으로 학파의 메시지가 그리스 전체로 확산되는 계기가 되었다. 제자들이 각지로 흩어져 학파의 지식을 전했기 때문이다. 아르키포스와 리시스는 학파 재건에 큰 역할을 했다. 학파의 수학도 그리스 전역으로 전파돼 그리스의 수학을 발전시켰다.

피타고라스학파의 철학은 플라톤에게 지대한 영향을 미쳤다. 이데아라는 관념적 세계, 절대적인 법칙에 대한 확신, 영혼과 육신의 관계, 수학적 질서에 의한 설명 등이 대표적이다. 남녀평등의 기치를 내걸었다는 점도 비슷하다. 플라톤 이후 피타고라스학파의 메시지는 철학 이외의 여러 분야에 지속되고 있다. 1~2세기에는 신피타고라스학파라고 불리게 된 집단이 존재하기도 했다.

피타고라스는 당대뿐만 아니라 당대 이후 지금까지 막대한 영향을 끼쳤다. 피타고라스를 따랐던 제자들이 가장 직접적인 영향을 받았다. 그들은 학문적인 면에서나 종교적인 면에서 피타고라스가 선보인 가르침을 받아들이며 새로운 수학, 새로운 종교를 형성한 주역으로 참여했다.

수학은 학파 이전에도 존재했다. 이집트와 메소포타미아에서 형성된 고대 수학은 탈레스나 피타고라스에게 많은 가르침을 줬다. 하지만 피타고라스학파는 그들의 수학과는 질적으로 다른 수학을 형성했다. 고대 수학은 경험적이고 실용적인 문제를 주로 다룬다. 그리고 증명이라는 과정이 없다. 학파는 수학을 철학의 도구로 삼으며 수학에 형이상학적인 이미지를 덧씌웠다. 피타고라스의 정리는 증명의 완전한 시작이었는데, 증명을 수학에 도입한 곳은 그리스 문명이 유일했다. 증명은 이후 수학의 필수 요소가 돼 버렸다.

철학에서도 피타고라스학파는 많은 영향을 끼쳤다. 탈레스의 질문을 이어받으며 그들이 제시한 답은 본질을 탐구하려는 철학의 경향을 확고하게 했다. 크로톤 부근의 엘레아학파는 피타고라스학파의 수에 대한 입장을 비판하며 그들의 주장을 펼칠 정도였다. 크로톤 공동체의 붕괴 이후 흩어진 제자들에 의해 학파의 철학도 그리스 전역에 퍼졌다.

피타고라스 철학을 가장 성공적으로 계승한 이는 플라톤이다. 플라톤

은 독창적인 수학 이론을 발표하지는 않았지만 누구 못지않게 수학을 애지
중지했다. 플라톤은 그 이전의 모든 철학을 종합하며 절대적인 진리가 존재
한다는 것을 보이고자 했다. 다른 철학의 공격을 방어하면서, 그의 주장을
합리적으로 제시해야 했다. 이런 그의 야심을 가능하게 해 준 것이 피타고라
스 철학이었다.

플라톤은 실제로 학파의 제자로부터 배움을 받았다고 전해진다. 플라
톤은 피타고라스의 관념론을 받아들여 물질로부터 본질을 찾아가는 자연
철학자를 반대한다. 그는 이데아라는 관념을 본질로 내세웠다. 이데아가 어
떻게 현실에 구현되었을까를 설명할 때 그는 철저히 수학을 활용했다. 그의
대화 편 〈티마이오스〉는 창소 과정을 실명하는데, 여기서 그는 고대의 중요
한 수학을 통해 그럴싸한 이야기를 만들어 냈다.

모든 만물에 수가 존재한다는 건 일정한 규칙과 질서가 존재함을 뜻한
다. 플라톤의 주장도 마찬가지이다. 플라톤은 귀류법이나 연역법과 같은 수
학적 방법을 적극적으로 활용했다. 정다면체를 '플라톤의 정다면체'라고 부
르는 건 이런 사정을 잘 보여 준다. 그 이전의 수학에 새로운 이미지를 부여
하거나, 철학에 잘 응용함으로써 수학의 역사에도 그의 이름이 남았다.

플라톤 철학은 서양 철학의 주류가 되었다. 그만큼 수학도, 더 구체적
으로 제한한다면 피라고라스학파의 수학과 철학도 서양 역사에서 영향력을
행사하게 되었다. 근대의 여명기에 과학이 발달하게 될 때도, 상대성 이론
을 토대로 현대 과학의 문이 열릴 때도, 초끈이론을 통해 우주의 신비를 풀
어 가려는 지금도 피타고라스학파의 방법과 주장은 여전히 살아 움직이고
있다.

피타고라스나 그의 학파는 아무런 저작물을 남기지 않았다. 그들은 입에서 입으로만 지식을 전파했다. 그런 까닭에 그는 거의 전설적인 인물로 여겨진다. 그의 출생과 사망 시기를 정확히 알지 못하는 이유다. 그의 행적에 관한 이야기들도 사실이라기보다는 신화나 전설에 가깝다.

그는 대략 기원전 580년에서 569년 사이에 태어난 것으로 알려졌다. 피타고라스는 그리스의 식민지였던 사모스 섬에서 태어났다. 그의 아버지는 그리스 사람이 아닌 페니키아 출신으로 부유한 상인이었다. 그의 어머니는 사모스 시를 세운 가문의 직계 후손이었다. 아버지는 피타고라스가 최고의 교육을 받도록 힘써 줬다. 또한 그가 장삿길에 오를 때 피타고라스를 데리고 다니며 지중해 여러 지방의 관습과 예절을 익히게 했다

피타고라스는 어렸을 적부터 배움에 열정과 소질이 있었다. 그의 아버지는 아들을 가장 좋은 학교에 다니게 했다. 피타고라스의 첫 스승이었던 페레키데스는 그에게 영혼에 대해서 가르쳤다. 그는 주위로부터 재능을 인정받으며 자랐다.

사모스 섬의 참주 폴리크라테스가 권력을 잡던 해, 18세가 된 그는 사모스를 떠났다. 그는 밀레투스로 가서 탈레스의 제자가 되었다. 탈레스로부터 많은 지식을 배웠다.

이후 피타고라스는 페니키아를 거쳐 이집트로 건너갔다. 처음 이집트의 사제들은 그를 환영하지 않았으나, 마침내 그들의 인정을 받고서 이집트의 종교와 과학, 수학을 두루두루 익혔다.

이집트에 머문 지 20년이 넘어서 페르시아가 이집트를 정복하게 되었다. 이때 피타고라스도 바빌론으로 끌려가 포로 생활을 했다. 이 기간 동안 그는 그곳의 종교나 학문을 완벽하게 터득했다. 이곳에서 12년을 보낸 후 그는 고향으로 돌아갔다. 그의 나이 50대 중반이었다.

사모스에 돌아온 피타고라스는 그곳에서 그의 가르침을 펼쳤다. 하지만 그곳이 가르침을 펴기에는 적당하지 않다고 판단해, 그리스의 서쪽으로 건너갔다. 이곳이 바로 크로톤이었는데, 그가 60세쯤 되었을 때였다. 그곳 사람들은 그를 환영했고, 그는 그곳에 피타고라스학파를 건설했다.

많은 사람이 따르면서 피타고라스학파는 강성해졌다. 크로톤의 귀족이나 일부 시민은 이에 위협을 느꼈다. 그들은 피타고라스학파에 대한 음모를 꾸몄다. 전쟁의 노획물을 포함한 크로톤의 부를 학파가 독점한다고 하며 시민을 선동했다. 이에 격분한 시민은 학파를 공격했다.

학파는 결국 멸망했다. 피타고라스는 남부로 도망갔다가 환영받지 못하고 북부로 몸을 피했다. 타렌툼이란 곳으로 갔으나 행방이 묘연해졌다. 살해당했다는 소문도 있었다. 그의 나이 80세 또는 90세가 넘었을 때였다.

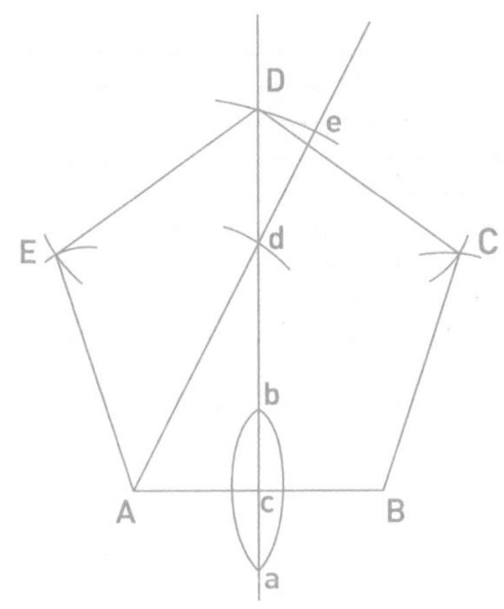

① $\overline{AB}$를 수직이등분하는 선을 길게 긋고, $\overline{AB}$의 중점을 c라 한다.

② $\overline{AB}$의 길이와 같은 $\overline{cd}$가 되도록 d를 잡는다.

③ 점A와 점d를 지나는 직선을 긋는다.

④ $\overline{AB}$ 길이의 1/2($\overline{Ac}$)이 되는 $\overline{de}$가 되도록 e를 잡는다.

⑤ $\overline{Ae}$를 반지름으로 하는 원을 그려 수직선cd와 만나는 점D를 구한다.

⑥ 점D와 점B를 중심으로 $\overline{AB}$의 길이를 반지름으로 하는 원을 그려 교점 C를 구한다.

⑦ 점D와 점A를 중심으로 $\overline{AB}$의 길이를 반지름으로 하는 원을 그려 교

점 E를 구한다.

⑧점A, 점B, 점C, 점D, 점E를 이으면 정오각형이 된다.

정오각형 작도법의 핵심은 정오각형의 한 변의 길이를 1로 할 경우, 그 대각선의 길이가 황금비($\frac{1+\sqrt{5}}{2}$)가 된다는 것이다.

정오각형을 작도하려면 꼭지점 다섯 개를 확정하면 된다. $\overline{AB}$를 한 변으로 하는 정오각형을 작도한다고 할 때 점A와 점B는 꼭짓점이 된다. 나머지 세 개 중 세 번째 꼭짓점D를 먼저 확정한다. 그런데 점D는 $\overline{AB}$의 수직이등분선과 정오각형의 대각선AD의 교점이다. 대각선의 길이는 황금비이므로, 황금비를 반지름으로 하는 원을 작도하여 수직이등분선과의 교점을 구하면 그 점이 점D가 된다.

점D가 구해지면 점B와 점D로부터 $\overline{AB}$의 길이만큼 떨어져 있는 점C를, 점A와 점D로부터 $\overline{AB}$의 길이만큼 떨어져 있는 점E를 구한다.

위 작도법은 대각선의 길이가 황금비가 된다는 사실을 이용해 황금비와 길이가 같은 $\overline{Ae}$를 만들어 냈다. $\overline{Ad}$는 피타고라스의 정리에 의해 $\frac{\sqrt{5}}{2}$가 된다.

$$\overline{Ad}=\sqrt{(\frac{1}{2})^2+1^2}=\sqrt{\frac{1}{4}+\frac{4}{4}}=\frac{\sqrt{5}}{2}$$

$$\overline{Ae}=\overline{Ad}+\overline{de}=\frac{\sqrt{5}}{2}+\frac{1}{2}=\frac{1+\sqrt{5}}{2}=황금비$$

$\overline{Ae}$는 대각선의 길이와 같으므로, 수직이등분선과 $\overline{Ae}$의 교점인 점D는 세 번째 꼭짓점이 된다. 네 번째와 다섯 번째 꼭짓점은 다른 꼭짓점으로부터 $\overline{AB}$의 길이만큼 떨어져 있다는 사실을 이용해 간단히 구할 수 있다.

1. 이 소설은 공동체의 붕괴 이후 흩어진 제자들의 상황을 추측해서 쓴 것입니다.

   급격하게 변화된 상황에 적응해 가는 힘든 과정을 묘사하고 있지요. 당시

   제자들의 모습이 어땠을 것인지 상상해 이야기해 보세요. 본문의 인물 중

   공감되었던 캐릭터 또는 가장 이해 안 되는 캐릭터는 누구였는지 말해 보세요.

2. 피타고라스학파는 하늘의 이치를 탐구하는 데 열심이었습니다. 그래서 그들은

   태양계를 포함한 우주를 설명하는 우주론을 갖고 있었습니다. 당시에 발견된

   행성과 항성을 포함하면서 그들만의 독특한 수론에 입각한 모델이었습니다. 어떤

   우주론이었는지 찾아보고, 코페르니쿠스의 주장과 같은 점, 다른 점을 이야기해

   보세요. 3장 참고

3. 피타고라스학파는 독특한 생활 방식이 많았다고 합니다. 본문에서도 채식, 소식,

   공동체 생활, 콩 안 먹기 등등이 언급됩니다. 왜 그런 습관을 가졌을지 이유를

   추측해 보세요. 1장, 7장 참고.

4. 아르키포스는 리시스와 가르니논에게 피타고라스의 정리를 설명합니다. 책 속의

   내용을 생각하면서 여러분도 피타고라스의 정리를 증명해 보세요. 4장 참고.

5. 피타고라스학파는 완전수와 우애수에 대해서도 다뤘습니다. 완전수와 우애수가

   무엇인지 말해 보세요. 1장 참고.

6. 크로톤 시민은 처음 피타고라스를 받아 주어 학파를 형성할 수 있도록 해

    줬습니다. 하지만 학파가 상당히 커지자 학파를 견제하기 시작했고, 나중에는

    학파를 공격하여 붕괴시켜 버렸습니다. 크로톤 시민이 학파를 공격하게 된 배경과

    이유가 무엇이라고 생각하는지 말해보세요. 5장 참고

7. 피타고라스의 정리가 유명한 이유는 그 내용에 있지 않습니다. 피타고라스 이전의

    고대 메소포타미아 인도 직각삼각형의 세 변의 길이 관계를 알고 있었습니다.

    그렇다면 피타고라스 정리가 그토록 위대한 것으로 인정받는 이유는 무엇일까요?

    9장, 부록 참고

1. 시민에게 쫓긴 혼란스러운 상황을 머릿속에 그려 보고, 그 속에서 자신이 매력을 느낀 인물을 찾아보세요. 그리고 왜 그 인물에 빠져들었는지 말해 봅시다.

2. 피타고라스학파를 상징하는 테트라크티스는 열 개의 점으로 이루어졌다. 학파는 10이라는 신성한 수에 따라 우주에 열 개의 천체가 존재한다고 생각했다. 가운데 중심불의 주위를 대지구, 지구, 달, 태양, 수성, 금성, 화성, 목성, 토성이 순서대로 돌고, 가장 바깥에는 항성구가 있다고 주장했다. 이 주장은 코페르니쿠스의 지동설과 비교할 때 지구가 움직인다는 점은 같지만, 태양을 중심으로 돈다는 점과 다르다.

3. 피타고라스는 사람에게 몸 외에 완전한 존재인 영혼이 있다고 생각했다. 혼란과 무지는 몸이 바라는 것을 절제하지 못하는 데서 오기 때문에 그것을 절제하고, 영혼을 튼튼하게 해야 신의 지혜를 얻을 수 있다고 했다. 철학과 수학이 바로 영원한 지식이며, 이를 위해 공동체 생활이 필요하다고 했다. 또한 콩을 수로 보았기 때문에 콩을 먹지 않았다.

4. 본문 90~92쪽에 있는 '피타고라스의 정리'를 읽고 천천히 자신의 입으로 증명해 봅시다

5. 자신을 제외한 약수의 합이 자신과 같아지는 수를 완전수라 한다. 대표적으로 6(1+2+3=6)이 있다. 약수의 합이 서로 한 쌍을 이루는 수를 우애수라 한다. 220(1+2+4+5+10+11+20+22+44+55+110=284)과 284(1+2+4+71+142=220)가 있다.

6. 시민은 처음엔 피타고라스학파 사람들을 동경했으나, 지식과 질서, 단련된 언행이 사회에서 중요해지기 시작하면서 자신들의 삶과 차이가 너무 나는 것에 위화감을 느꼈다. 또한 자신들에게 부와 권력을 가질 기회는 물론, 사회 지도자로 성장할 기회마저 박탈당하는 상황이 되자 폭동을 일으킨 것이다.

7. 고대 수학은 경험적이고 실용적인 문제를 주로 다룬다. 그리고 증명이라는 과정이 없다. 피타고라스의 정리는 증명을 수학에 처음 도입한 것이다. 이후 증명은 수학의 필수 요소가 되었다.